運は秒で開ける

あなたが最短で開運できる最強の方法！

【著者】
小坂達也

はじめに

私は子どもの頃、非常に悪ガキでした。ケンカなどもしょっちゅうでした。

そんなヤンチャな生活に明け暮れていた中学一年生のある日、こんな人生はやっぱり良くないと深く反省し、ある人からの勧めで「内観」というものを始めてみることにしました。

内観は、人を傷つけたり傷つけられたりしたことを、相手や周りのせいにするのではなく、何か自分の中に足りないものはないか、というように、「自分の深い部分にまで降りていって考える習慣を身につける」というものです。

しかし、この内観が結構辛いものでした。

なぜなら、「自分のできない部分や情けない部分を直視して向き合い、そして最後は、そんな自分をあるがまま受け入れる」、というプロセスを経なければならないからです。

しかし、もう二度と元のような自分には戻りたくないという一心で、頑張ってこの内観を続けました。

また、当時は大河ドラマを見過ぎていたせいか、いずれ天下を取って、国のために役に立つ人物になりたいと、本気で考えていました。

まだ13歳の頃です。何の能力も才能もありません。

「そんな私の声が人々に届くにはどうしたら良いのか?」を真剣に考えました。

そこで思いついた方法が、成功して有名になることでした。

すぐに始めたのは楽器を持って演奏することでした。10年間バント活動に没頭し、プロを目指しました。その夢を果たせぬまま、期限と決めていた23歳になった私は、バンドで有名になることはあきらめ、ビジネスの世界に入っていきます。

最初に始めたのは、瓦工事業でした。

ちょうどその頃に、九州地方が大きな台風の被害を受けていました。

そこで私は、人を集め、一日中ブルーシートを掛けたり、瓦を運んだりと、必死で頑張りました。

それがきっかけで瓦工事のビジネスがどんどん本格的になっていき、創業31年を迎えた今、長崎でナンバー1の瓦屋になることができました。

しかし、もともと天下を取ることが目的です。瓦屋では天下は取れません。

そして、長崎のものを全国に広げようと、会社を作りました。

そこで出会ったのが「にがり」でした。

このにがりをインターネットで仕掛けてみたところ、これが大ヒットしました。

あっと言う間に、にがりブームが全国的に巻き起こったのです。

中小企業庁が制作する全国放送で30分の特番が組まれたことをはじめ、さまざまなメディアで取り上げられました。

テレビショッピングでも飛ぶように売れました。

その評判は、やがて国境を超えて広がり、アメリカ、中国、韓国、台湾をはじめ、世界中から取引のオファーが届き、ついには、あの『New York Times』でも、取り上げられるまでになりました。

まさに絶頂期を迎え、天狗になっていたある日、その栄光が音を立てて崩れ落ちる出来事が起こりました。

それまで、こぞって紹介してくれたメディアが、突如として、「にがりのダイエット効果に根拠などまったくない」と、一斉にバッシングを始めたのです。

まるで犯罪者のような扱いを受け、私の商売は完全に潰れてしまいました。

繁栄だけを求めていた当時の野望は、このようにして瞬く間に撃ち砕かれてしまったのです。当時、私は33歳になっていました。

地位も名誉もお金も失い、億単位の借金だけが残ってしまった私でしたが、それでも心までは失いませんでした。

12歳から始めていた内観があったからです。

すべての答えは自分の中にあると確信していました。目の前で起きていることは、自分の心が引き起こしているのだということが、ちゃんと理解できていました。

なぜ、こうなってしまったのか？

自分に足りなかったこと、間違っていたこと、自分の弱さなどと徹底的に向き合いました。そのお陰で、後の人生を変えるような、大きな気づきを得ることができました。


当時出会った方からの強い勧めもあって、本格的に神道の研究を開始したのもこの頃です。（詳しくは第9章参照）

一念発起した私は、そこから10年かけて、すべての借金を返し終えました。

どうやったら人は、本当に幸せになれるのか。私が真剣に考え始めたのはその頃からです。

一瞬の幸せではなく、一生続く幸せの作り方とは何か。また、日本人が忘れてしまった、日本人に脈々と受け継がれてきた、人としてのあり方とはどのようなものだったのか、などです。

自分でも一生懸命調べましたし、「この人は」と思う人に、片っ端から聞いて回りもしました。

神道の研究だけにとどまらず、儒教、仏教、陰陽五行と、それらを基盤とする風水や算命学、四柱推命など、徹底的に研究していきました。


その結果、はっきりと分かったことがありました。

それは、「私たち人間は、大自然の目に見えないパワーに生かされており、その影響をたくさん受けている」ということです。

そして、その大自然の法則を知り、それをうまく活かすことができれば、運は必ず、「瞬く間に」開けるのだという大原則でした。

そのことから、本書のタイトル『運は秒で開ける』が生まれたのです。

私自身、その法則性を活用してみて、初めて自分自身の人生を「真の幸福」の境地にまで高めることができるようになりました。

私自身の人生を変えてくれた神道や儒教、陰陽五行などに基づく考え方や人としてのあり方は、自分以外のたくさんの人々にとっても有益であるに違いないと確信し、ＹｏｕＴｕｂｅやＴｉｋＴｏｋといったＳＮＳや、全国各地での講演を通じて、多くの人たちに伝える活動を開始したところ、多くのフォロワーや賛同メンバーが全国に広がっていったのです。

そしてついに、その長年の研究と実践による成果を「**八百万の神開運暦**」として体系化し、それを活用して、誰もが真の幸福を作ることができる独自メソッドの構築に成功しました。

今では全国の実践者から、「人生が激変した」「生きる希望が取り戻せた」、「命が救われた」など、数多くの絶賛のお声を頂戴するようになりました。

さらに次のステップとして、私の分身となる「**人の幸せを作るお手伝いをする人**」**をたくさん作るための活動**を始めています。

本書には、私のこれまでの人生を通じて培ってきた開運法のエッセンスを、可能な限り詰め込みました。

それは、私自身の運を開いたと同時に、私の真似をして実践しただけで開運した人々に伝えてきた内容でもあります。

この本を最後まで読めば、必ずあなたは運が秒で開ける人になっています。

そうすれば、あなたのご家族や、大切な方々の運気も次第に上がっていくことでしょう。

そのように、まずはあなたの身の回りから調和を図り、共により良い社会、より平和な世界を築いてまいりましょう！

《目次》

第6章　悩み解決の極意

第7章　自然の真理=神を味方につける極意

第8章　「徳積み」の極意

第9章　平和を作る極意

第10章　示し申す道を歩む極意

おわりに

第1章

運は秒で開ける！

❶ 賢人も活用した開運法

金運・健康運・人気運・恋愛運・仕事運・くじ運……。このように、一言で「運」といっても、さまざまなものがあります。

もし、これらの**運が「秒で開ける」方法**があるとしたら、あなたは知りたくありませんか？

難しい話をするつもりはありません。

誰にでも納得できて、すぐに実践できることばかりです。

また、単なるノウハウ本ではありません。人としての生き方、在り方まで分かりやすく説いていきます。

まずはそれを知ることが、開運の第一歩となります。

そして、この本を読み終える頃には、あなたは清らかな心になって間違いなく「運が秒で開ける」人になっていることでしょう。


内容自体はとてもシンプルですが、実は孔子や空海、聖徳太子、安倍晴明といった、過去のさまざまな賢人たちが人生に取り入れ、活用した開運法でもあります。

もちろん、実践しない限り何も変わりませんが、この本の内容を理解して、心と感情を整え、気持ちを切り替えるだけでも運気が上がり始め、人生が好転していくことをはっきりと実感できるはずです。


あなたの運がどんどん開けていくのを楽しみにしながら、本書を読み進めていってください。

❷ あなたは「運」が良い人？　悪い人？

はじめに、あなたに一つ質問します。

あなたは運が良い人ですか？　それとも悪い人ですか？

「運気を上げたいからこそ、この本を手に取ったのよ」

「自分ではそこそこ運の良いほうだとは思っているけど、さらに上げたいから」

「松下幸之助は、自分で自分のことを絶対に運が良いと思っている人を採用したと聞いたことがあるけど、自分にはそこまで言い切れる自信がないから……」

このように、人によってさまざまな答えが返ってくることでしょう。

ただ、あなたがご自分で現在の自分をどう思っていようと、**この本を手に取った時点で、すでにあなたは、運をつかむセンスを持ち合わせている**のです。

その運をつかんだあなたが、どのようにして人生に活かしていくのか？

この本を読み終えた後は、必ずその運を使って豊かな人生を手に入れられているはずです。

まず、そのことだけは確信しておいてください。

❸ なぜ「運は秒で開ける」ことを信じられないのか

この本を手に取られたということは、あなたが少なからず「今よりもっと運を開きたい」と思っているからでしょう。

つまり、**あなたは「運」を開く方法が存在することを信じている**のです。

しかし、世の中には、運、不運というものは、自分の意志や行動とは関係なく偶然に起こり、それをコントロールする方法があることなど信じない、という方が数多くいます。

なぜ「運」を秒で開く方法があるということが信じられないのか？


その答えは簡単です。**「運」は目に見えない**から。

たとえば、「神様なんて信じない」という人がいます。

それも、神様が目に見えない存在だからでしょう。

そんな人が私の前に現れたら、このような会話が繰り広げられます。


「じゃああなたも運がないんですね」

「え？　どうして？　いや、私にだって運ぐらいありますよ」

「じゃあその、あなたの運とやらを見せてください」

「見せて？　いや、見せられるものではありませんね」


すると、すかさず私はこう言います。

「いや、あなたは見えないものは信じないのでしょう？

なのになぜあなたには、見えないはずの運があると信じられるのですか？」

私が何を言いたいのか、あなたにはもうお分かりですね。

目に見えないからといって、神様を信じない人は、仏様も信じていないし、人のことも信じていない。もっと言うと、自分のことすらも信じていないのです。

まずは、**目に見えないものがこの世にはある**のだということを信じてください。

そして次に、そのような存在に私たちは支えられて生きているのだ、ということを信じましょう。そのようなことが一番大事なのです。

さきほどの人に、さらにこう聞いてみます。

「じゃあ、あなたは何を信じてますか？」

たぶん何も信じていないのです。
そういう人は「自分のことしか信じていない」と、口では言うかもしれませんが、まず自分のことも信じられていない。

なぜそう言い切れるか？
「自分を信じる」と書いて何と読みますか？　そう「自信」です。
つまり、「自信」がない人なのです。だから、開運法などと言われても、自分にはどうせ無理だ、関係ない、などと思ってしまうのです。

けれど、なぜかそんな人に限って、「もっと幸せになりたい」と思っているものなのです。

❹ 占いを信じる？　信じない？

占いを信じない、という人もたくさんいます。

そんな人は、「占いなんかに頼らず、自分の人生は自分で切り開くべきだ」と言うのです。

つまり、「自力」だけしか信じていません。

だからこそ、歯を食いしばって頑張って、一生懸命努力しています。

では、あなたにお聞きします。歯を食いしばって一人で頑張っている人と、周囲の力を借りて生きて行く人と、どっちがより大きな成果を上げると思いますか？

もちろん後者です。

たとえば、同じように歯を食いしばって努力している二人がいたとします。以下の①②のケースでは　どちらのお店が流行ると思いますか？

①日当りの良い南側に玄関があり、明るくてとても入りやすいお店
②北側で一日中日が当たらず湿っぽい場所のお店

光が射している方、つまり南側のお店の方が流行ります。

このようにきちんと分かりやすい理由があって、結果が成り立っている手法の一つが風水です。別の言い方をすれば、風水とは、自然界の力を最大限借りる方法論のことです。

人間も自然界の一部です。つまり、人の運気も自然界の影響を受けることが当たり前なのです。

「他力本願」と聞くと、依存心の固まりになっているような悪い印象があります。しかし、私が考える「他力」というのは、**「大いなる他力」**と言って、**自然界のことを指している**のです。

太陽の光であったり、磁場であったり、風であったり。

そういった自然界の力をお借りするだけで、人間は豊かになれるのです。その真理をまとめたものが占いなのだと、そうとらえてみてはいかがですか?

目に見えない力を別に信じなくてもいいのです。

でも私は、「信じなくてもいいけれど、**本気で開運したいと考えるのなら、まずは知ってみたらどうでしょうか？**」と思うのです。

でも、本当に知るだけでいいのですか？
やってみたいですよね。じゃあ活用してみませんか？

でも、活用するだけで本当にいいですか？
どうせ使ってみるなら、幸せに成りたいですよね。
じゃあ、幸せに成りましょう、ということです。

占いは、「当たるか当たらないか」を確かめるために使うものではありません。
あなたが人生の迷いを吹き飛ばし、本当の意味で幸せになるために必要な手段なのだと、ご理解ください。

❺ 信じること＝「命」

信じることって、**イコール「命」**なんです。


残念ですが、自ら命を断ってしまう人は存在します。

なぜそんなことをしてしまうのか……。それにはちゃんと答えがあります。

「誰一人、その人のことを信じる人がいなくなったから」です。

たった一人でもいいから、その人のことを心の底から信じてくれる人がいたら、死なずに済んだのかもしれません。

そのたった一人が、親であっても構わないのです。

同級生からいじめられて自殺してしまう人がいます。親が出てきて、「学校は何をしていた！」って叫んでます。
私も人の親ですから、そう叫びたくなる気持ちは痛いほどよく分かります。
でも実は、親が一番の原因だったかもしれないのです。
その親御さんに、お聞きしてみたい。
「あなたは、どこまでお子さんのことを信じていましたか？」と。
最後の一人になるまで信じていたと言い切れますか？
本人にとっては、親が最後の砦だったかもしれないのです。
その親が信じてくれてないと気づき、絶望して自ら死を選んだのかもしれません。

このように、信じることにはものすごく力があります。信じるということは、命そのものなのです。その命を繋ぐものが、自然の真理です。

自然の真理をないがしろにする人は、運を味方にできません。

❻ 運が開ける人、開けない人の見分け方

運が開ける人か開けない人かを見分ける方法は、実は簡単です。

その人が普段よく使っている言葉に注意を向ければ、すぐに分かります。

いつも誰かに対する不平不満や愚痴をこぼしていたり、ネガティブな感情を吐き出してばかりいる人がいたとします。

そういう人は、自分自身や周りを「陰気」にさせ、「弱気」にし、やがては「病気」にしてしまうでしょう。

当然そのままでは、ご本人の運も開けません。

逆に、**運が開けていく人の特徴**は、必ずと言っていいほど**明るくて前向きで、周りの人を「やる気」にさせ、「勇気」百倍にして「元気」に**しています。

それでは、どのような考え方や生き方であれば、周りの人を「やる気・勇気・元気」にできる人になれるのでしょうか？

あなたは周りの人を「陰気・弱気・病気」ではなく、「やる気・勇気・元気」にしたいですか？

もしそうなら、この続きを読み進めてください。

第2章

開運の準備

❶ 運が開けるとは？

そもそも、開運とはどういうことを言うのでしょう？
人の運が開ける時、その人に一体何が起こっているのか。

開運とは「運」が「開く」と書きます。
では、その運とは何なのか……。

「運」という漢字は、**【軍】**が**【走る】**と書きます。
そう、あなたは**いつでも走れる状態なのか**が大事になってきます。
それが、運が付く条件だからです。

つまり、いつでも走れる状態とは「**行動力**」のことです。
何かを指示されたり、指名されたりしたらすぐに動く。
こんな人に、運は味方するのです。

さらに、この【軍】が【命】を懸けて走ることを【**運命**】と言います。
いつでも行動できる状態だから命懸けで事にあたることができるのです。

そして、軍が走る勢いのことを【**運勢**】と呼びます。
この場合、運勢とは一人のことだけではなく、全体のことも含みます。つまり、あなたの運勢だけではなく、世の中の運勢、あなた世代の運勢ということです。

たとえば、厄年などは「あなた世代の運勢」になります。
なぜなら、同級生はみな同じ歳で厄年になるからです。

さらに、その「軍が走る」時の「やる気・勇気・元気」のことを**【運気】**と呼びます。

この「やる気・勇気・元気」を支えるのが**【根拠なき自信】**です。

つまり、根拠なき自信には、ちゃんとした根拠が存在したのです。

私の周りには沢山の成功者がいますが、すべての成功者はこの**根拠なき自信**を持っています。

◆大した成功はしていないのに、自分はすごいと信じている。

◆特にいい男でもないのに、自分はモテると信じている。

◆大して良い学校にも行っていないのに、自分は天才だと信じている。

など、ツッコミ所は満載なのになぜか魅力がある人、そんな根拠なき自信を持っている人が成功しています。

そして、**「自信」**とは「自分」を「信じる」と書きます。

そう、**成功者のほとんどは自分のことを信じている**のです。

では、自分の何を信じればいいのか、などと考えてしまうから、自信を無くしてしまうのです。順番が逆です。

どんな自分を信じるかではなく、「やる気・勇気・元気」があるから、自分を信じられるようになるのです。

運とはこのように、**自分を信じる人についてくる**のです。

だから、**何かを始めるときに必要なことは「活力」と「勢い」**です。

まずはそこから心がけてください。

❷ 気分は選べる

いきなり開運することを求めるのではなく、この**「気」を高めることが最も大切**です。

「気」の付く単語はたくさんありますが、大きく2つに分けることができます。

あなたの気を高める言葉は、次のうちどちらのグループですか?

①やる気・勇気・元気・本気・活気・根気・陽気・人気。

②弱気・陰気・悪気内気・殺気・短気・邪気。

おそらく、「①やる気・勇気・元気……」の方ですよね。

「気」を「分ける」と書いて**【気分】**と言いますが、それでは、あなたの今の気分はどちらですか？　弱気・陰気・悪気 内気・殺気・短気・邪気ではないですか？

頭では分かっているのに、ネガティブな感情を抱えてしまうのが人間です。

でも本当は、**あなたがその気にさえなれば、気分は選べる**のです。

あるネガティブな出来事が起こった時、１００人いたら１００人とも必ず気分を害するかと言えば、決してそうはなりません。その気になれば、すぐに気分を切り替えて、元気を取り戻すことをできるはずです。

３億円の借金は、返済しないかぎり手放せませんが、怒りとか哀しみなど負の感情は、あなたが手放すと決めたらすぐに手放せるのです。

だから、常日頃から意識して、自分の感情をやる気・勇気・元気で満たされた状態を作るということが運気を上げるためにとっても大事です。

このように、運気を上げるも落とすも、あなたが抱えている感情と密接な関係がある、ということを知っておいてください。

❸「穢《けが》れ」は「気枯《けが》れ」

弱気・陰気・悪気 内気・殺気・短気・邪気。

このようなネガティブな気で満たされている時、あなたは気が枯れた状態です。

この「気」が「枯れた」状態を**【穢れ（けがれ）】**と言います。

そう、**神様が最も嫌う状態**です。

だから、神社で参拝するときは手水舎《てみずや》で手と口をゆすいで、参拝するのです。

では、この気が枯れた状態のまま長くいたら、人はどうなるでしょう？

そう。病気になってしまいます。

そうならないためにも、**開運するには**「**やる気・勇気・元気**」**が必要**なのです。

この世界がやる気・勇気・元気に包まれる社会になれば、どんなに素晴らしいことでしょう。

ストレスを抱えている人とすれ違うだけで、ストレスをもらうと言われています。逆に、あなたのやる気・勇気・元気を周りの人に与えることができたら、あなた自身がさらに豊かになります。あなたの周りに豊かな人が集まるようになるからです。そして、あなたはさらに開運するのです。

また、**あなたは必ず人気者になります。**

なぜなら、人気者とは「人に気を与える者」と書くからです。

このように、あなたのやる気が周りの人に影響を与え、あなたの周りに良い気を持った人たちが集まり、あなただけではなく、あなたの周りも開運するのです。

このような世界をあなたが作れたとしたら、あなたのやる気だけで秒で開運すると思いませんか？

❹ 健康の源「5つの気」

「あなたは健康ですか？」と尋ねられると、多くの人は身体の健康を考えます。
しかし、陰陽五行の秘伝の中では、健康の源である【気】を5つに分けています。

❶ 元気

「血液の循環が滞りなく回っているのか？」ということです。
つまり身体の健康に関わることです。
血液には、栄養を身体中に運ぶ役があります。
つまり、健康的な食事が身体の健康を作ります。
あなたは、「**健康的な食事**」をしていますか？

❷ 人気

人気とは、「人との交流が、滞りなく循環しているのか？」ということです。

人との交流が悪循環になるとストレスを抱えてしまい、身体の健康も阻害されてしまいます。

特に精神的な病に、陥りやすいと言われています。

あなたの精神は、健康ですか？

❸ 景気

景気とは「お金の循環」ということです。

お金は、あなたの生活や家族の生活の源。

お金は、経済の血液。

お金の循環が滞ると、すべてが滞ります。

あなたは、お金に追われた生活を送っていませんか？

❹ 大気

大気とは「世の中の循環」のことです。
あなたを取り巻く環境が、滞っていないかどうかが大事です。
職場環境や家庭環境、業界や流行り廃りなど、浮き沈みがないかどうか……。
大気が滞ると、あなた自身が滞ります。
あなたの環境は、健康ですか？

❺ 運気

運気とは「すべてを司る気の循環」のことです。
運とは軍が走ると書きますが、**軍が走る時の気のことを【運気】**と言います。

「元気」「人気」「景気」「大気」「運気」

この５つがすべてそろってはじめて、健康な人だと言えます。

宗教的なありがたいお説教をする人がお金に困っていたとしたら、「あなた不健康じゃないですか？　だってお金が……」となってしまうわけです。

この**５つの気が、今のあなたの人生においてバランス良く循環しているのかどうか**について、定期的に振り返ってみることをお勧めします。

第3章

運を秒で開く極意

❶ パワースポット

「あのパワースポットに行くと運気が上がる」

「あそこのご神木にしがみつくと、穢れを取ってくれる」


みなさんも、このような話を聞いたことがあると思います。

パワースポットに行くと、確かに運気は上がります。

なぜ上がるかというと、パワースポットと呼ばれているような場所は、ほとんどが足を踏み入れるだけで気持ちいい場所ですから、そういう場所に行けば、当然ながら気分が高揚し、「やる気・勇気・元気」が上がります。

しかし上がったとしても、気がそこに留まっているわけではないので、残念ながら長続きしません。上がった気分は、すぐにまた下がり、場合によっては「陰気・弱気・病気」に戻ってしまいます。

また、ご神木にしがみつくことについても、確かにあなたの穢れを取ってくれるかもしれないません。

しかし、気づいてください。あなたがご神木にしがみついているとき、根っこを足で踏みつけていることに。そのような行為を、何百人という人が毎日毎日同じようにやったらどうなるでしょう。その木は枯れてしまうかもしれません。

何百年もの間、ご神体として大切に守られてきたはずの木が、急にそのようなことになるわけなので、あなたは、大切なご神木の未来を奪う行為に加担しているのです。

自分の穢れを取ってもらいたくて、ご神木の気を奪い、未来まで奪う権利なんて、誰にあるというのでしょうか?

❷ 本当のご利益とは？

開運し続ける人生を歩むための生き方として、根本的な話をしましょう。

なぜ、ここまで多くの人がパワースポットに向かうのか？
ご神木にしがみつくのか？
それは、何らかのご利益《りやく》が欲しいからでしょう。

そこで、一つあなたにお聞きします。
神様って、ご利益をもらう側ですか？　それとも与える側ですか？
当然、与える側ですよね？

多くの方々が神社やお寺で願いごとをされると思いますが、逆に、願いごとを叶えてあげられるような人になりたいと、思ったことはありませんか？

神様のように……。

きっと神様も、あなたにそのような人になってもらいたいと、思っているはずです。けれど、「あなたがご利益をもらいに行っている間」は、絶対に神様のようにはなれません。

ご利益がある人というのは、「ご利益を与えることができる人間」のことを指します。

たとえば、会社の利益について、多くの人が「いただくもの」だと思っているでしょう。しかし、そうではありません。「先に与えるもの」です。

1万円で売られているものを1000円で販売したら、9000円の利益を消費者に与えることになりますよね。

その1000円のうち200円利益があったら、それが会社の利益となります。

つまり、**いかにご利益を社会に与えられるか、ということをまず考えることが大事**なのです。

そして、それを実行することです。

これこそが、**本当のご利益のある生き方**なのです。

ご神木にしがみついている間は、自分がいただくことしか考えていないので、多少気持ちが高揚することがあったとしても、それは本当のご利益ではないということです。

勘違いした認識を、正しくしていきましょう。

❸ 運の良い人が必ず持つ「あるもの」

ここから、運気を長く上げ続ける開運の具体的な極意について、お伝えします。

良い気を持っている人。晴れやかな、あっぱれ（天晴）な人とは、どんな人だと思いますか？

まず、そういう人は、やる気、勇気、元気があります。

そして、必ずあるものに乗っているのです。

その「あるもの」とは何か。

それが「**リズム**」です。

「**リズム**」に乗っているときは、何をやってもうまくいきます。

ところが、その同じ人が、リズムを壊すときがあります。
すると、とたんに何をやってもうまくいかなくなってしまいます。

このリズムを壊す時とは、どんな時でしょう。
それが**「気枯れ（穢れ）の時」**です。
怒り、哀しみ、怖れといった、ネガティブな感情を抱えたときに、リズムが狂い出します。すると、ついこの間まで順風満帆だった人でも、突然、何をやってもうまくいかなくなるのです。

頭では分かっていても、普通に生活していれば誰だって、イライラすることもあれば悲しい気持ちにもなりますので、気が枯れてしまう状況になることなんて、頻繁にあると思います。

❹ 運気を高く維持する極意

それでは、運気を開くにはどうしたらいいのでしょうか？

運気を高く維持する極意は、きちんと存在します。


それは、1日と15日の神社詣りです。

「ついたち」とは、「逆に月」という文字の後ろに「日」を付けて「朔日」と書きます。

今の日本は西洋と同様に太陽暦を使っていますが、明治に入るまでの日本の暦は月の満ち欠けを基準にした太陰暦でした。


一日、つまり朔日が新月、そして十五日が満月となります。

「十五夜お月さん」という歌がありますよね？

この日に参拝すると、あなたの運気は生まれ変わるのですが、それにはちゃんとした理由があります。


私たちは月の影響を大きく受けています。

月が地球を一周するのにかかる日数は29・5日です。

これを「**月経**」と呼びます。

月に一度訪れる、女性特有の身体に起こる現象と同じ呼び名です。


潮の満ち引きも月の影響を受けているし、波も月の引力で起きています。

波は1分間に18回起きます。人の呼吸も18回です。だから、潮風を浴びれば息が整いリラックスするわけです。多くのリラクゼーションミュージックも、このリズムで作られています。

この18を2倍にすると36になります。

この数字は、人に関わるあるものと同じ……。そう、体温です。

36の2倍は72。これは心拍数です。

72の2倍の144は血圧の上。144の2倍の288は、十月十日（とつきとおか）、つまり出産の周期になります。

これらはもちろん、おおよその数ではありますが、私たちの体のリズムは、何らかの形で、**月のリズムの影響を受けている**ことだけは間違いなさそうです。

そのことを知っていたのかどうかは分かりませんが、日本人は、明治に入るまでずっと、月のリズムで生活してきました。

新月から満月、満月から新月へと変化していくことと同じリズムで、人間の魂も15日ごとにリセットし、次の半月をめざしましょうっていう、そういう習わしなのです。

半月間もあれば、人はいろいろな感情を味わいます。

マイナスな言葉を吐きたくなることも出て来るでしょう。

すると、気が枯れて魂が穢れてしまいます。

その穢れを落とすために、半月ごとに近所の神社に参拝するわけです。

新月と満月の日に参拝することが理想ですが、神社でも、今ではカレンダーの１日と15日に行っているように、必ずしも新月と満月の日でなくても大丈夫です。

リズムを作ることが、ポイントです。

神社には、手と口を清める手水舎《てみずや》があります。あそこで、ただ手と口をゆすぐのは、ただの作法ではありません。

半月間で溜めた、怒りや哀しみといった感情があります。それを思い浮かべて、それをすべて手放すという気持ちを込めて、手と口を清めるのです。これを**「禊（みそぎ：身削ぎ）」**といいます。

このように、禊は自らの穢れを「自ら落とす」ことです。

そして、神社の拝殿で参拝を済ませたあとは、今度は本殿でお祓いをしてもらいます。ここでは、自分では気づいていない半月分の穢れ落としを、自ら行うのではなく、神主さんを通じて神様に落としていただくことになります。

人は誰でも、自分のことをすべて理解できている訳ではありません。気づかないうちに、他人に迷惑をかけていたり傷つけたりしているものです。

そのような「穢れ」を、神社で神主さんによって取り除いてもらうこと……それが**「祓い（はらい）」**です。

このようにして、自分の気を一定のリズムで、リセットするようにします。

「禊」と「祓い」で穢れを手放すということを、15日ごとにルーティン化してしまうことで、魂が健康になります。

これを継続していけば、パワースポットに行って一時的に運気を上げてもすぐに下がらないようになります。

運気を継続して高く維持することが、できるようになります。

❺ 心配事の90％は「起きない」

すべての出来事は、**あなたが引き寄せて**います。

いわゆる「引き寄せの法則」ですね。

そして特に、あなたの「**気**」が、良いことも悪いことも引き寄せています。

怒りや悲しみといったネガティブな感情が、あなたのことを苦しめていると頭では分かっても、いつまでも大事にそんな感情を手放さない人がいます。

もし「私もそうだ」と思うなら、そんなあなたにお伝えしておきたいことがあります。

実は、**心配事の90％は「起きない」**のです。

つまり、あなたの心配事が10個あったとしたら、本当に心配すべきことは、そのうちたったの1個しかないということです。

その1個にだけ、「どう解決したらいいのか」ということを、集中して考えればいいのです。

あれこれ小さなことをくよくよと考え続けていると、心配事を本当に引き寄せてしまうのです。自分のことを、運が悪い人と思っている人には、よくそういうことが起こっているのです。

それは、自分に「**軸がないから**」です。

軸がない人は、いろいろな声が耳に入って来ます。

しかし、自分の軸を持っている人は、何が聞こえるかではなく、「何を聞くか」という生き方をしています。

何が見えるかではなく、「何を見るか」なのです。


どうすれば、そんな生き方ができるようになるのか？

その答えは結局のところ、**「好きに生きる」**ということになります。


自分が好きなことをして生きていないから、他人の嫌な部分ばかり見えてしまう。

それは、「暇」だからです。

自分の好きなことに夢中なら、他人のことに干渉している余裕なんてないはずですよね。

「あなたの夢は何ですか？」と聞かれたら、私は必ず「**今**」と答えます。

今が夢の中、つまり「**夢中**」なのです。

夢中になって、今を楽しみませんか？

第4章

悩み解決の極意

❶ 悩みを解決したいなら

悩みを解決したいなら、まずはその**悩みの原因**を知る必要があります。

「彼氏が、本当に自分のことを好きなのかどうか、分からなくて困っています」などというような相談がたまに来ます。

世の中の占い師さんの多くは、「彼氏の誕生日を教えてください」と言って、彼氏の運勢から人間としてのタイプを調べ、その占いから読み取れる、彼氏の性格や性質の話を始めます。

このような占い師の方は、申し訳ありませんが、なんちゃって占い師さんです。

なぜなら、それが分かったところで、彼女の悩みは解決しないからです。
彼女の悩みの本当の原因は、何でしょうか？

それは、**「自信がないこと」**です。

もし彼女が自分の判断に自信があれば、「彼氏が自分のことが好きかどうか」などと気にする必要はないはずです。

結局、多くの人々の悩みというのは、「自分に自信がない」ことから発生しています。自信がないから迷ってしまいます。だから辛いのです。

ただ、「自信をつけなさい」と言っても、そう簡単には身に付きませんよね。
だから私は今、この本を書いています。

❷ 悩みの原因はたったの3つ

人の悩みの種類を数え上げたらきりがありませんね。

1万人いたら、1万通りの悩みがあるはずです。それを一つ一つ解決していこうと考えたら、時間がいくらあっても足りません。

そこで私は、**悩みの原因を大きく3つのカテゴリーに分ける**ことにしています。

「現在」「過去」「未来」

相手の悩みの話を聞きながら、「この人は今、現在・過去・未来のどの話をしているんだろう」と考えながら聞いています。

そうすると「この人は過去を語っているのだ」ということが分かってきます。

「**過去**」から来る悩みというのは、ほとんどが「**不満**」です。

相談相手の方が、何らかの不平・不満を述べていたら、それは過去に起こった何らかの出来事に対して感じる不満です。「思い通りの結果にならなかった」、「相手がこちらの思うような態度を見せてくれなかった」などですね。

だから今、心がモヤモヤして迷っているのです。

「**未来**」から来る悩みは、「**不安**」です。

「ああなったらどうしよう」、「こうなったらどうしよう」という不安に襲われて、心が乱れて迷っているのです。

このように、**すべての悩みは、過去の出来事による「不満」か、「未来」に起こりそうな出来事に対する「不安」から生じる、「現在」の「迷い」のこと**を言うのです。

❸ なぜ人は迷うのか

では、なぜ人は迷うのでしょう？

それは、**「自分のことが分かっていない」**からです。


「自分は一体何者で、どうなりたいのか」、「あなたの人生最大の目的は何なのか」など、と聞かれて、あなたはパッと答えられますか？

私のセミナーでも、このことを質問して、すぐに答えられる人は少ないです。


「何のために、ダイエットするの？」

「何のために、エステに通っているの？」

「何のために、お金を稼ぎたいの？」

「何のために、成功したいの？」

このようにどんどん質問していくと、最終的に、誰もが一つの答えにたどり着きます。


あなたの人生最大の目的、それは、「幸せになること」ではないですか？


ちょっと考えてみてください。「あなたはなぜ幸せになりたいの？」と聞かれて答えられますか？　答えに困ってしまいませんか？

「なぜ幸せになりたいかって、そりゃあ幸せになりたいからに決まってる」

そのような、変な答えにしかならないはずです。

それはなぜでしょうか？

幸せになることが最終的な目的、つまり人生最大の目的だからです。

人は幸せになるために、生きているのですから。

ところが、その軸がブレると、とんでもないことが起こってしまいます。

たとえば、人を押しのけて成功してお金儲けはできたけれど、周りから嫌われて不幸になるというような、ケースはよくあります。そのような人は、お金さえあれば、幸せになれると信じて生きてきたのでしょう。

けれど、**お金儲けはあくまでも「手段」**です。なのに、それを人生の「目的」だと勘違いしてしまったからこそ、そのようなことが起こってきてしまうわけです。

でもこの人は、とにかくやってみました。そのことだけは確かです。やってみて、お金儲けだけで本当の幸せは手にできなかったことに気づけたら、また別の方法を考えてやってみればいいだけの話です。**本当に幸せをつかむ人は、決して「幸せになりたい」などと言いながら、立ち止まったりしていません。**

幸せになるための手段は、いろいろとあります。そして、幸せの形は100人いれば100通りです。だから、あなたなりの幸せの形を片っ端から試してみるといいでしょう。

実は、人生の90％は「運」なんですよ。計算通りになんていかないのです。だから、とにかくクジをたくさん引くことが大切です。

運を開くために必要なことは、たくさんのクジを引く**「行動力」**なのです。

その行動力とは、どこから来るのでしょうか？

それが何度もお伝えしている**「やる気・勇気・元気」**なのです。根拠のない自信を行動の原動力とし、クジをひく回数を増やせば、当たりを引く確率が上がります。

このように、幸せになることが人生最大の目的であることをちゃんと理解して、それを軸にして生きている人が行っている人生の選択肢は「やるか、やらないか」ではなく、常に**「やるか、やるか」**なのです。

❹ 子育ての最大の目的は？

子育て中の方を対象にしたセミナーでは、先ほどの質問の後に、必ずもう一つ質問します。

「あなたにとって、子育ての目的って何ですか？」

「子どものために何を作ることが、最大の目的でしょうか？」

この質問に対して、すぐに答えることができる親御さんはあまりいません。

そこで、このように質問を変えてみます。

「あなたの人生の目的と、お子さんの人生の目的に、何か違いはありますか？」

ここで、**あなたの人生最大の目的が幸せになることなら、お子さんの幸せを作ることこそが、子育ての最大の目的である**ということに、多くの方が気づきます。

つまり**子育ての目的とは、「やる気・勇気・元気」を常に持ち、根拠なき自信を持って行動できるための勢いや活力を、お子さんの中に育てること**なのです。

しかし実際のところ、あなたの幸せのために、お子さんの幸せを奪ってしまうようなことをやっていませんか？

「あれしなさい、これしなさい」
「ゲームばっかりして！　もう宿題終わったの⁉」
「早く寝なさい！」
「早く起きなさい！」

というように、お子さんにガミガミ言うことの目的は何でしょうか？


きっと目的はないのでしょう。

その時々の気分で動いているからです。

そしてその気分とは、たいがいネガティブな理由なのです。


気分とは「気を分けること」だとすでにお伝えしました。

イライラや怒りというネガティブな「気」をお子さんにぶつけるような生活をしていて、はたしてお子さんを「やる気・勇気・元気」にできるでしょうか？

もしもお子さんを「陰気・弱気・病気」の方向に導いているとしたら、いかがでしょうか？

まずは**親御さんが運気を上げることが、お子さんを幸せにする**のです。

そしてそれこそが、子育て最大の目的を達成するために、とても大切なのです。

❺ 不満解消の極意

子育てに限らず、何かにつけて不満を抱えている状態というのは、本人はもとより周りの運気も落としてしまうことになります。

できれば、持つべきではない感情です。

しかし、生きていれば不満を抱くことなど、当たり前のようにあります。

誰かに対して不満を抱いてしまったときに、それを抱えないで済む良い方法はないものでしょうか？

今からその方法をお教えします。

不満は「過去の出来事」をきっかけとして抱く感情だということは、すでにお伝えしました。その過去の出来事にまでさかのぼってみて、なぜ自分は不満を抱えることになったのかについて、考えてみるのです。

その不満が、過去のどのような出来事を引き金にして、どのような「思い」から発生したものなのかが重要です。

それが「善なる思い」から出た不満であることに気づけたら、心を前向きに転じることができるようになります。

もし分かりにくければ、他人のケースで考えてみると理解できるはずです。

たとえば、あなたの友人が、上司に対して不満を抱えているとします。

「会社が良くなるために自分としてはこうしたいんだけど、課長が耳を傾けてくれないで困っているんだ。プロジェクトが一向に前に進まないんだよね」

この友人は、確かに表面上は不平不満、愚痴をこぼしていて運気が下がっている状態です。

けれど、見方を変えれば、会社を少しでも良くしようと全力で動こうという「善なる思い」があってこそ、抱いている不平不満であることに気づきます。

「そこまで会社のことを良くしたいと思ってくれている社員のいる君の会社は幸せだな。思い切って、その課長さんの上司である部長さんに相談してみたら?」

このように、あなたに共感してもらえたら、友人もきっと気持ちが前向きになるはずです。

また、ある妻のママ友さんが、以下のように夫への愚痴をこぼしていました。

「うちの旦那、いつも脱いだ靴下を、そこらへんに脱ぎ散らかしておくのよ」

この場合も、このママ友さんにしてみれば、家を綺麗にしておきたいという善なる思いが、それを妨げる旦那さんへの不満として話してしまっています。

このママ友さんの心の奥にある「家の中を常に綺麗に保ちたい」という善なる部分に気づけた方が、「家の中は綺麗にしておきたいよね」と、認めてあげたらどうなるでしょう。自分に共感してもらえたことで、ママ友さんも少しは気が晴れるのではないでしょうか？

このように、「ただ愚痴をこぼすのではなく、どうやったらその不平不満を前向きな解決の方に促せるだろうか」と考えてアプローチしていくと、次第に相手の気が晴れていくものです。

この「気が晴れる」という点が重要です。

たとえば、喧嘩をするときは、どちらが正しいとか間違っているかとは関係なく、気が晴れるまでやりませんか？

そこに重要なヒントが、隠されているのです。

誰が正しいとか間違っているとかというジャッジを与えるよりも、「どうすればこの人の気が晴れるかな？」と考えていくと、ゴールが見えるようになるのです。

これをあなた自身に当てはめてみましょう。

過去の出来事をきっかけに抱いた不満について、「どう考えても私が正しかった」と考えている間は、気が晴れることがありません。なので、ジャッジするということはいったん脇に置いて、あなたの中にある「善なる部分」にスポットライトを当ててみましょう。

結局、人生に迷ったり生きることが辛くなったりするのは、気が淀んでいるからです。つまり、気が枯れている（＝穢れている）状況なのです。

相手のことも自分のことも、どうやったら「気を晴らす」ことができるかと、考えて行動するのがコツです。

第5章

矛盾を乗り越える極意

❶ 恋愛の極意

「恋愛とは、誤解して付き合って、理解して別れるもの」

そんな話を、聞いたことはありませんか？

出会ったときは、相手の良いところしか見えていないので、恋愛が始まります。

つまり**「誤解」**で盲目になっているからこそ、恋愛が成立するのです。

ところが、付き合いが長くなってくると、今度は悪いところしか見えなくなってきます。そして、その結果、**「理解」**して別れるということになります。

つまり、恋愛を長続きさせたい場合は、一生誤解していればいいのです。

ここで、気づくべきことがあります。

それは、「相手が変わったのか、それとも、あなたの見る目が変わったのか」ということです。

両方のケースがあり得ますが、変わったのはあなたの見る目だと仮定しましょう。相手だけでなく、あなたの中にも善と悪の両方があります。そのことがちゃんと理解できていたら、それを棚に上げて、人の悪いところだけを見てしまうのはいかがなものか、ということに気づけます。

しかし、どうしても悪いところばかりが見えてしまうのが、人間です。

ではどうすれば、人の良いところだけを見ることができるのでしょうか？

それには、**「善に心を留める」ことが必要**です。

前章でもお伝えしたように、**本当に強い人間とは、常に相手の「善なる部分」を見出せる人のこと**を言うのです。

それが簡単にできれば、苦労はないのですが……。

❷ 性善説でも性悪説でもなく○○説

「**性善説**」とか「**性悪説**」という言い方があります。

人とは元来、善なる存在なのでしょうか？

それとも、もともと悪いことするのが当たり前の生き物なのでしょうか？


たとえば、子どもが大病をして、心臓移植をしなければならなくなったとします。移植ができなければ、１００％死ぬことがはっきりしています。しかし、心臓移植には莫大なお金がかかります。そんなお金はとても用意できません。

そのとき、この親は会社から盗んだお金で移植手術を受けさせようとしました。

この親は、自分のエゴのために人様のお金を盗むという、生来の悪人でしょうか？

それとも、愛する我が子のために、犯罪者になることすら厭わず一生を台無しにする覚悟で守ろうとした善人でしょうか？

親が子どもを守ろうとすることは、「正義」で間違いありません。

しかし、会社のお金を盗むことは、誰がどう考えても「悪」です。

世界中で毎日のように、このようなことは起こっているでしょう。

人間は、その時々の状況によって、善人にも悪人にもなり得るということです。

では結局、人間という存在は、「善」「悪」どちらなのでしょうか？

人は、もともと「善」「悪」どちらでもないのです。

人は「弱いもの」なのです。だからこそ、時として罪を犯します。

なので私は、**「性弱説」**をとります。

人間は、**弱い存在だからこそ、どう生きるべきかということを必死で考える**のです。それが**「人間の知恵」**なのです。

❸ 矛盾の中でどのように生きるか

「斎庭稲穂《ゆにわいなほ》のご神勅」という神話を、聞いたことがありますか?

アマテラス大神様が、孫のニニギノミコトに稲穂を渡して、「この稲を育てて地上(日本)を豊かにするように」と命じられたというのが、このお話の内容です。日本は神代の昔から、稲作によって成り立つ国であることが、このお話によっても分かります。

このように、神に命じられて始まった稲作ですが、健康な稲を育てようと思ったら、土地が肥えていて水が流れ、陽の光が当たる場所でなければなりません。

しかし実際は、虫は寄って来るし雑草も生えます。たくさんの人が、稲穂が豊かに実って稲刈りをする収穫を待ち望んでいますから、必死で雑草を抜き、虫が寄って来ない工夫を施さなければなりません。

神道を深く学んでいくと、このように、自然の理に従うのと同時に、自然の理に逆らうという、矛盾と常に隣り合わせなんだということが分かります。

つまり、私たち日本人の文化には、**「人は矛盾の中で生きている」**という、そのこと自体を「良し」とする考え方が、根底に流れているのです。

もし、その矛盾を良しと捉えなければ、どういうことになるでしょうか？

大切な稲穂に寄って来る虫たちや、稲穂の栄養分を奪い取る雑草のことを悪だととらえるようになります。だから農薬や除草剤をまいて、虫や雑草を根絶やしにしようという発想が生まれます。

すると、世間からは「お前の田んぼは、農薬で汚染されているから危険だ」と言われることになります。

その結果、疲弊した農家は、農業から離れてしまいます。

会社でも、これと似たようなことがよく起こります。

何かうまくいかないことが起こると、すぐに犯人探しが始まります。

そして、今度はその上司が責任を追求され、つまはじきになります。挙げ句の果てに、その上司は文句を言って辞めていくことになります。

大人の社会でも、そのような状態なのです。

学校に通う子どもたちの間でも、同じようなことが起こっています。

時代が変わっても、いじめが絶えることはありません。

私が何を言いたいか、分かりますか？

アマテラス大神様は、ニニギノミコトに「悪を退治してこい」とは言っていません。「稲を育てなさい」と言ったのです。

そしてその裏には、「善を育てなさい」という思いが込められていました。

つまり、**悪を探し出してあぶり出し、それを取り除けば安心、などということは言っていない**のです。こういう発想では、運気が下がる一方です。

悪が一切存在しない世の中が、未だかつてこの地球上に存在したことはないでしょう。

文明が成長を遂げていく過程において、社会悪というものは常に存在します。

問題があるということを前提にして、我々にできることは、**「いかに善を育てていくのか」**ということなのです。

❹ 現象の前にすでに発生している問題

何かの問題が起こったとき、ＳＮＳなどで匿名の人々から一斉に袋だたきに遭うという事例が多数見受けられます。

いわゆる、アカウントが「荒れる」という現象です。

そういう場合、それらの問題が発生する前に、必ず別の問題がすでに起こっていると多い、ということに気づいていますか？

たとえば、子どもがゲームばっかりして勉強しないと、多くの親は、子どもに対して文句を言います。勉強しない子どもが悪い、と多くの親が思っています。

しかし、その前に、**子どもが勉強したくなるように育てなかった、親が悪い**とは思いませんか？

他にも、回転寿しで少年たちが悪ふざけをして、世間から大きく批判を受けた事件が、立て続けに発生しました。少年たちの行動は、罪としてきちんと償うべきだとは思います。

しかし、そもそも**なぜ、そのような行動を取る人が増えてしまったのでしょうか？**

あるいは、そういう社会を作ってしまったのは、誰の責任なのでしょうか？

私には、そちらの方がよほど気になります。

大人社会が模範を示していないからこそ、あのような事件が頻発しているのです。

または、世の中に数ある企業の中で、影響力があって模範を示すべき立場である大企業の多くが、お金さえ儲かっていればそれで良い、という発想でビジネスを展開しているからこそ、こんな社会になってしまったとも言えるでしょう。

そのため、企業のトップの姿勢がそうなら、働く大多数の大人たちも、当然そのような意識で働き、そのような人生を送るようになるわけです。

そして、**それは子どもたちにも反映してしまう**のです。

第6章

幸せを作る極意

❶ 運命と宿命

人は幸せを作るために生まれてきました。

では、どうやったら幸せな人生を作ることができるのでしょう?

幸せに「なる」のではなく、幸せを「作る」と私が言う意味が、この章を読み終える頃には理解できているはずです。

その前に、「**宿命**」と「**運命**」の明確な違いについて触れておく必要があります。

育ての親を変えることはできますが、生みの親を変えることはできません。

自分の意思ではどうにも変えられないのが「宿命」です。

一方で、「運命」はどうでしょうか。

たとえば、宝くじは買わなければ当たることがありません。

このように、**人生の選択によって変わるものが「運命」**です。

運命とは、「(自分が) 運んだ命」であり、本人の意思で変えられます。

「占いで運命が決まっているのだったら、努力をしても一緒じゃないか」という考え方がありますが、それは違います。運命はその人の選択次第で変わるのです。

また、同じ努力をしても、成果、結果が上がりやすいものとそうでないものがあります。タイミングについても同様です。

そのような自然の法則を知り、それに寄り添う形で、成果が上がりやすいように努力をした方が良くないですか?

あなたが、持って生まれた人生のシナリオとも言える宿命を知り、その宿命に沿った努力の仕方とタイミングを知ることができれば、結果としてより成果が上がる人生となり、より幸せな人生を送ることができます。

❷ 幸せはたった3つ

人が幸せを作る要素は、大きく分ければ次の3つしかありません。

1つ目は、「**形があるもの**」になります。

代表的なものが「**お金**」です。

たとえば、欲しかったバッグが手に入ったとします。指輪が、宝石が、車が、家が……。これらは全部目に見えるものであり、**お金で買えるもの**です。

そして、所有欲が満たされるものです。

2つ目は、**「形がないもの」**になります。

1つ目とは逆で、**お金では買えないもの**になります。
たとえば、愛や友情、信頼、感謝される喜びです。
あとは、夢が叶って理想の人と結婚できた、などの自己実現もそうです。
つまり、**形がなくて、お金では買えない価値のあるもの**です。

3つ目は**「感じるもの」**になります。

「自由」がその典型例です。
他に、名誉、名声、権威、権力、ステータス、周りからの賞賛などもそうです。
つまり、**人に自慢できるような、承認欲求が満たされるもの**です。

あなたもご自身の価値観に照らして、一度考えてみてください。

あなたが幸せになろうと追い求める価値は、いずれもこの3つのどれかに当てはまるはずです。そして、仕事やプライベートなど、誰もがその時々によって、これらの重要度が変化するのです。

しかもそれは、その人が持って生まれた「**宿命**」によって変わります。

あなたも必ず、これらの要素のどれかを強く感じるための行動を、取ろうとしているはずです。

しかし、世間体を気にしたり、親の価値観の影響を受けたりして、本来の自分の宿命に沿った生き方ができていなかったりするでしょう。

すると、あなたは幸せを、手に入れにくくなってしまいます。

たとえば、普段の生き方を振り返ったとき、あなたは以下のどのタイプになりますか？

（１）自分の意志を貫こうとするタイプ

（２）他人の意見を尊重しようとするタイプ

（３）自分の直感を信じて動くタイプ

もし、あなたが（１）の「自分の意志を貫こうとするタイプ」を選んだ場合は、**「形あるもの」から幸せを強く感じるタイプ**です。

つまり、お金を作っていくのに適した性質、より強く持ち合わせていることが分かります。

そして、（２）の「他人の意見を尊重しようとするタイプ」を選んだ場合は、**周りとの和を重んじて、人を愛し愛されることを最重要視する傾向が強い**と入れるでしょう。

（３）の「自分の直感を信じて動くタイプ」を選んだ場合は、**「自由」を最も大切にする人です。極端な話、そのためなら他人の意見も無視できます。**

❸ 幸せを作る早道

あなたの宿命が、本当はお金を作っていくことで、ご自分の幸せを作るタイプだったとします。それにも関わらず、普段の行動パターンとして他人の意見ばかりを尊重しているとすれば、そこに矛盾が生じてきます。

本当は自分の意志を貫くような生き方がするべきことが、その人の宿命に沿った本来の生き方なのに、それに沿った生き方ができていないのです。

人間というのは、すべての要素を持っているので、それぞれの役割も違いますし、その時々の立場によって微妙に変化もします。

しかし、より強く現れる傾向というものは、やはり厳然として存在しているようです。

ですから、**あなたの宿命に沿った、本当に大切にするべき選択の基準、行動指針のようなものが定まっていなければ、迷ったときに間違った判断に基づく行動をしてしまいがちになります。**

たとえば、あなたが飲み会である冗談をＡさんに言ったとします。

Ａさんは大笑いして、その場が大いに盛り上がったとしましょう。ところが次の日にも同じような冗談をあなたが言ったら、今度はＡさんがめちゃくちゃ怒りました。

さあ、あなたはどう思いますか？　大いに迷いますよね。

あなたはもうＡさんのことが不気味に思えて、あまり近づきたくなくなるかもしれません。

おそらく他の人から見ても同じです。結果として、どんどん人が離れてしまい、Ａさんはきっと寂しい人生になってしまうことでしょう。

もしかしたら、ご本人は人が離れていく原因が分からず、「なんで、みんな自分のことを分かってくれないんだ」というように、思っているかもしれません。
しかし、この場合は明らかに、複雑なAさんの行動に原因があります。
自分が複雑な行いをしているのですから、周りとの関係性が複雑になってしまうのも当然です。

いつも「愛が大事」だと言っている人が、愛を説いたとしてもなんの違和感もありませんが、その人が、突然「人生はお金だ！」と言い出したら、本人は気づいていなくても、周りはびっくりします。

人生とは、無意識に生きていれば、つい複雑になりがちなものなので、**自分の宿命を知り、軸を定めてその軸を基準にして生きるように心がけるだけ**で、ずいぶんとシンプルに生きられるようになります。

そして、運気も自然と上昇していきます。


自分軸が定まり、**人生がシンプルになると、生きることがどんどん楽になってい**きます。また、**周りとの調和もとれるよう**になってきます。


ただし、楽になるということは、怠けるということとは違います。

その逆で、人から見たらものすごく努力している人に見られているかも知れませんが、本人はただ夢中になって楽しんでるだけで、努力を努力とすら考えていない状態のことを指します。

この夢中になっている状態こそが、その人にとって一番幸せな生き方ができているときです。

「あの人とは気脈が通じている」という表現がありますが、**夢中になって何かに取**

り組んでいるときは、あなたの発する気と自然が発している気との気脈が通じている状態です。

自然の波動と一体化していると言ってもいいでしょう。

たとえば、健康になるために計画を立てる人がいたとしましょう。朝7時に起きて、食生活を改めて野菜中心にしようと、メニューを決めるとします。次に運動をして、その次にあれをどうしてこうしてと、いうようなことをやることでしょう。

しかし、それが、日常の行動として自然にできるようになると、どうでしょう？計画や目標を立てなくても、朝7時になると自然に目が覚めます。意識をしないで食事をしていても、その人にとって最も健康食事をしています。こんな人と出会いたいとなんとなく思っていると、突然目の前にそんな人が現れたりします。なぜ自分はこんな場所にいるのか？　と思ったら、そこで後々の人生が変わるような出来事が起こっていく、というような連続になります。

まさしく、**思考を超えた状態**ですね。

誰もが、幸せになるために生まれてきました。

しかし、幸せの形は人それぞれです。

自分は何がどうなれば幸せなのか、という形をシンプルに把握して、それに沿った生き方をするということが「幸せを作る」ということです。

そのための第一歩が、**自分の宿命を知る**ということです。

それこそが最も早道な方法なのです。

❹ 宿命を教えて幸せを作る

ちまたには「**タイプ別診断**」というものがあります。

質問に答えていく形で、あなたがどのタイプに属しているのかを診断します。

しかし、あなたの氷山の一角でしかありません。なぜなら、あなたがこれまで生きてきた中で培ってきた、思考の傾向が反映されているだけだからです。

「**宿命診断**」は、それとは異なります。

水面下に隠れている氷山の大部分となる、自分でもまだ気づいていない、生まれ持ってきた人生のシナリオが分かります。

つまり、**あなただけの宿命**を知ることになるからです。

私がお教えしているのは、そんな方法です。

「宿命鑑定をする相談師」になるために、全国の何千人という方々が、現在もオンラインで熱心に学んでいます。

ところで、なぜ鑑定師ではなく**「相談師」**なのか分かりますか？

私たちは、鑑定することそのものではなく、**「信頼関係の構築」に重きを置いているから**です。

鑑定は、勉強すればできて当たり前のことになります。それよりも、相談者さんから「またこの人に相談したい」と思ってもらえるような、そんな信頼関係を築けるかどうかが、もっと大事だと考えているからです。

相談師さんには、まず、その人間性を磨いてもらいたいのです。

さて、なぜ私がそのような活動に力を入れているかというと、私にはどうしてもやりたいことがあるからです。

それは、これから5年以内に、悩んでいる人たちが誰でも気軽に相談に来られ、かつ癒やしとなるような場所を、全国各地に作りたいからです。

悩める方々の悩みを解決することはもちろんですが、本当はもっと深い意味や目的があります。それは、人々の悩み相談に乗る側の「**相談師自身**」**にとっての幸せも同時に作ること**です。

悩める人たちの最も多い勘違いは、「雨は自分の上にしか降っていない」と思い込んでいることです。だから「なぜ自分だけが、こんな目に遭うのか?」と、思い悩んでしまいます。

しかし、**雨はみんなの上に降っている**のです。

たとえ相談師となれたとしても、当然、相談師にもいろいろな悩みがあります。

たとえば、実は相談師に1千万の借金があり、密かに悩んでいるような状況だったとしましょう。そこに、1億円の借金を抱えている相談者が現れたとします。

「この人は、1億円もの借金を抱えているのに、前向きに頑張っている！」

すると、それまで目の前に高くそびえ立つ壁のように感じていた1千万の借金が、その相談者を勇気づけることで、乗り越えられる壁だと思えて来ます。

そのようなことが、次々と起こってくるのです。

まずは、**自分だけが不幸だという考えから、自分を解放することの大切さを知る必要があります。**

そして、相談に来た人が、鑑定を受けたことで自分の悩みが解決したことに驚いて、今度は、相談師になるための勉強を始めるというパターンも出て来ます。

元々は悩みを抱えていた本人なので、相手の心の痛みが分かり、相手に寄り添える立派な相談師となることができるでしょう。

相談に乗る立場に立ったら、人は一生懸命勉強します。

相談者にとっても相談師にとっても、大きな成長の場となるわけです。

❺ 人生のすべてを占める「占道」

茶道、華道、書道、柔道、剣道……等々。
日本には「○○道」というものがたくさんあります。
それらには、家元という存在がいます。
しかし、**占いには家元という制度がありません。**
私は、それを**作りたい**のです。

占いの道、つまり「**占道**《せんどう》」です。

「占」とは、「占領」という言葉もある通り、「（すべてを）占める」という意味です。

実は、**人生のあらゆる側面を占めているのが、「占い」**です。

神道の世界においても、占いというのは要であり、最上級に大切な存在です。

いまだに、**宮中でもいろいろなことが、占いで決められています。**


たとえば、大嘗祭《だいじょうさい》といって、天皇になるときに一度だけ執り行われる極めて重要な儀式があります。

悠紀殿《ゆきでん》や主基殿《すきでん》と呼ばれる、大嘗宮の中心をなす殿舎《でんしゃ》があります。

その中で、天皇になられる方が神と一体となるために、お米を神（天照大神）と一緒に召し上がる（共食と呼ばれます）という秘儀中の秘儀が、執り行われるます。

その儀式に奉納するお米を収穫する産地を決めるために、アオウミガメの甲羅を焼いて、ひびの割れ方を見る「亀卜《きぼく》」と呼ばれる占いが用いられているのです。

もちろんこの儀式は、今上（令和）天皇が天皇になられたときの大嘗祭でも行われました。神代の昔から、脈々と受け継がれてきているものなのです。

占いは、我々の生活にも溶け込んでいます。

たとえば、神社で行われる七五三などの儀式もそうですし、厄年なども、この歳になったら病気や怪我、事故を起こしやすいからお祓いしてもらいなさい、という**「予言」**です。

お守りや絵馬なども**「おまじない」**です。

神主さんも、役割として神主と呼ばれていますが、本当は占い師さんと立場は同じだと言っても過言ではありません。

このように、日本文化と占いは、切っても切れないほどの深い結びつきがあります。

人生のあらゆる領域を占める**「占道」**とは、**日本古来より伝わる、自然の真理に沿った生き方そのもの**です。それを実践しながら、あなた自身の幸せを作ることを、心からお薦めします。

第7章

自然の真理＝神を味方につける極意

❶ 自然の真理＝神

第1章で、私は「**風水とは、自然界の力を最大限借りる方法論のこと**」と、お伝えしました。

現代を生きている私たちの多くは、科学文明の発達とともに、この「**自然界の力**」、「**真理**」というものを、ほとんど忘れて生きています。

自然の真理を、昔の人は、それぞれの法則性に名前をつけて「神」と呼びました。

日本ではそれが数多くあるので、「**八百万《やおよろず》の神**」と呼ばれます。

そして、「**運気」というものも、自然の真理そのもの**です。

ですから、自然の真理を無視して生きようとしても、八百万の神々を無視して生きることに他ならず、運が味方してくれるはずなどありません。

人類がそのような生き方をしてきた結果、世の中が今どうなってしまっているのかということを、考えてみてください。

多くの神社には鏡が置いてありますが、日本の神話に、「宝鏡奉斎《ほうきょうほうさい》の神勅《しんちょく》」というお話があります。

これは、アマテラス大神様が孫のニニギノミコトに、三種の神器の一つである八咫鏡《やたのかがみ》を渡し、「この鏡を見て、私利私欲で民を苦しめていないかを自省し、そこに『我』があるなら取り除きなさい」と言われました。

「カガミ」から「ガ（我）」を取ったら「カミ（神）」になります。

でも、「カガミ」から「カミ（神）」を取ったら「ガ（我）」が残ります。

このように、人の上に立つ神としての生き方を、示されたということです。

「自分勝手に生きることのないように」という戒めのお話です。

しかし、今の世間を見渡せば、アマテラス大神様が悲しむような、残念な世の中になっているような気もします。

❷ 神事とは、「ひと手間かける」こと

「朝起きて、神棚に手を合わせる」、「ごはんを食べる前に〝いただきます〟と言う」、「食べたあとには〝ごちそうさま」と言う」、「家を出るときには〝行ってきます〟と言う」、「帰って来たら〝ただいま〟と言う、などというあいさつも、もともとは神事から庶民の生活に派生してきたものです。

神事とは「ひと手間をかけること」なのです。

現代の私たちは、先祖代々受け継がれて来た日本文化である「ひと手間」を抜くことによって、便利さを手に入れました。西洋文明の流入とともに、世の中はすべてにおいて便利という方向に進んでいきました。

その結果、手を抜いてはいけないものまで、手を抜くようになってしまいました。

たとえば、挨拶です。「挨拶禁止」という張り紙がされているマンションまであるそうです。「知らない人に、ついて行ってはだめよ」と家庭で教育されているからなのですが、誤解をされないように、挨拶を禁止にするという発想らしいのです。しかし、よく考えてみてください。みんなで挨拶した方が、不審者は寄って来ないと思いませんか？

また、挨拶をする習慣のない子どもたちが大人になって、挨拶もできない不審者になっていく可能性もあるのです。

つまり、不審者を作るような教育がなされているとしか思えない。

最近では、「いただきます」を言わせないという小学校もあるようです。

宗教や育った環境によって挨拶もさまざまだから、一つの型を押し付けてはいけない、という理由らしいのですが、何だか本質からズレている気がします。

「それぞれの考え方があるんだから、それぞれが心の中で思えばいい。強制はおかしい」という考えのようです。

❸「いただきます」の意味

「いただきます」という当たり前のあいさつにも、もともとはきちんとした意味があります。


私たちは、大切な人が亡くなったら供養をしますよね。

その供養ができるのも、自分という命があるからこそです。

その大切な自分の命を生かしてくれているのが、**他の命**です。

つまり、私たちが毎日いただく**食べ物**です。

もともと命が宿っていたお肉や野菜、果物など、他の命をいただいているからこそ、自分の命を維持できています。

そのいただいた命に対して**「供養」**するのが、「いただきます」の本来の意味です。

「ごちそうさま」も同じく供養なのです。

そういう本質を分からない人たちが、そのような**大切な「ひと手間」**を抜いてしまってていいのでしょうか？

日本社会全体が、「鏡（カガミ）」から「カミ（神）」を抜いて「ガ（我）」が残った状態に、どんどんなっていっていると、私には思えてならないのです。

ひと手間をかける、という行為を省いていくことによって、**自分さえ良ければいいという社会になってきている**気がします。

その結果、日本という共同体そのものが、気づかぬうちに分離していってもいるのです。

❹ 陰陽説と五行説

第5章の❹で私は、現象の前にすでに発生している問題を観察することの大切さについてお伝えしました。

実は、仏陀もそのことについて、ちゃんと説いているのです。

仏陀はそれを**「縁起《えんぎ》」**と呼びました。

身に起こるすべての出来事は、縁があって起こっているのです。

つまり、「縁起が良い」とは、「良い縁を結ぶこと」を表します。

逆に、悪い縁を結んだら、それを「縁起が悪い」と呼ぶわけです。

このように、物事には必ず**「裏の成り立ち」**というものがあります。

その**「裏の成り立ち」こそが「占い」**です。

中国では、紀元前770年から紀元前221年頃までの、約550年間のことを春秋戦国時代と呼びます。

その期間に、孔子、孟子、老子、荘子などの諸子百家《しょしひゃっか》と呼ばれる思想家たちがたくさん現れました。

この方々によって、「陰陽説」と「五行説」という二つの思想が生まれたのです。

それら「陰陽説」と「五行説」という、元は別々だった思想を、鄒衍《すうえん》という思想家が一つにして生まれたのが**「陰陽五行説」**と呼ばれるものです。

自然の真理、つまり、森羅万象のすべての仕組みを解き明かした思想である陰陽五行説は、やがて、風水や家相、漢方医学、薬膳料理といった学問に発展していきます。

「陰陽説」とは、自然界の真理を陰と陽に分けたものです。

たとえば、「陽」と「陰」の順に、「太陽」と「月」、「昼」と「夜」、「男」と「女」、「奇数」と「偶数」、「繁栄」と「平和」のように、正反対の性質どうしの組み合わせで分けていったものです。

一方**「五行説」**とは、世の中の森羅万象を「木」「火」「土」「金」「水」という5つの要素に分けたものです。

「火」が燃えて炎となって、その燃えカスが土となり、土の中から金が生成されます。

そして、金の表面についた水滴から水ができ、水は木を育てるという**「相生《そうじょう》」**という**相性の良い関係性**という概念が生まれました。

反対に、**「相克《そうこく》」**という関係性もあって、それは、「木が水の養分を吸い込み、土が水を堰き止め、水が火を消し、火は金を溶かし、金は斧となって木を切る」というものです。

片方がもう片方の性質を打ち消すという、**要注意の相性**となります。

私たちは、この世に生まれ落ちた瞬間に、どの性質を持っているのかが決まっています。

木火土金水の5つがさらに陰と陽に分けられた、合計10種類の中の性質です。

そして、**関係を構築する相手が持つ性質によって、それぞれの相性が決まってくる、というのが占いの基本原理**です。

日本には5世紀から6世紀ごろ、仏教や儒教や暦とともに渡ってきました。

易経や風水、算命学や四柱推命などの占いはもちろん、日本の神道にも大いに影響を与えてきました。

神社というものも、この陰陽五行の占いが根源となって成り立っているのです。

❺ 占いの活用法

あなた一人だけなら、ただその性質を有しているというだけなのですが、**一人では生きていけないのが人間**です。

自分を中心として、周りの人々との間で巻き起こる関係性を「**人間関係**」といい、**それぞれの組み合わせによって「起こりやすい現象」というものが変わってくるの**です。

つまり、あなたが持って生まれた性質を知り、人間関係に悩む相手が持って生まれた性質を調べれば、その**相手との関係性において起こりやすい問題というものが分かります。**

その結果、より円滑な関係性を築くための対策が打てるようになるわけです。

これが**「占いを『活用する』」**ということの意味です。

言い換えれば、人間関係で悩むということは、どちらか一方に問題があるから起こるのではなく、二つの性質が組み合わさったときに生まれる関係性からの問題が生じていたのだということなのです。

つまり、悩んでいるその人だけを判断しても答えが出なかったことが、相手との関係性を宿命鑑定で調べることによって「だからあんなことが起こったんだ」と、目から鱗が落ちるようなことが、次々と分かって来ます。

さらに、それぞれの性質には、それぞれの「好む時間」、「好む環境」、「持って生まれた才能」、「（心地良いと感じる）時（タイミング）」といった違いがあり、この違いによっていろいろな摩擦が生じることがあります。

そういうことをきちんと知っておかないと、たとえば漫才コンビであれば、コンビ相手との相性が合う、合わないで揉め事に発展することが、宿命鑑定によってお互いに自分にないものを相手が持っていることに気づき、それを認め合うことによって感謝が生まれます。

そして、役割分担が出来上がり、関係がうまくいくようになる、といったことが起こるのです。

たとえば、「木」の性質の方がいたとして、「木」を中心に他との相性を見ていきます。「木と木」は△、「木と火」は○、「木と土」は×、「木と金」は××、「木と水」は◎という関係性になります。

この木の性質である方としては、×が二つもついた「金」の人とは近づきたくなくなるかも知れませんが、そういうことを言いたいのではありません。

木は金（斧）で切られる関係性ですから、確かに耳の痛いことを言われたりすることもあります。しかし、それによって成長できたり、あなたが気づかないことを相手が気づくことによって、危険を回避できたりするケースも出てくるわけです。

つまり、**誰が良い悪いということではなく、すべての関係性を周りに置いた方がバランスが取れる**、ということが言えるのです。

❻ 八百万の神開運暦

陰陽五行説は、私たちの文化の根幹を成していると言っても過言ではありません。しかし、漢字ばかりでとっつきにくいのが難点です。

私自身も勉強するのに大変苦労しました。

こんなに優れた内容なのに、このままでは広がるものも広がらないと思い、誰でも楽しく体系立てて学ぶことができて、幸せな人生を作るために広く役立てられるようにと、私は**「八百万の神開運暦」**を開発しました。

これは、**悩みの解決や夢の実現のために、宿命に合わせてあなたが行うべき具体**

的な努力を明確に示す鑑定書です。

生年月日さえわかれば、まずあなたの「**数魂**」が分かります。

数魂が分かると、【第6章】でお話した「幸せを作る3つの方法」のうち、あなたがどの方法で幸せを作っていく「**宿命**」を持つ人なのか、ということが分かります。

それと同時に、その活かし方も知ることができます。

せっかく良い宿命を持って生まれても、それを活かすことができなければ、「宝の持ち腐れ」ということに、なってしまいます。

自分が一体何者なのか、どんな才能を持って生まれたのか、などということが分かると、**生きることに迷いがなくなり、自信が身につきます。**

次に、自分の「**行動パターン**」や「**思考パターン**」、「**才能を発揮する場所**」などが明確に理解できるようになります。また、「**自分の持つ守護神はどのようなもの**

か」、その代表的な4つについても分かります。

人は、40歳までに守護神が3回変わる、と言われています。

若いうちにいろいろな守護神を経験することで、人の心の痛みや苦しみなどを理解した後、**40歳を過ぎたあたりで、初めて本当の自分の「守護神」に出会う**とされています。

ところが、過去に因縁がある方は、40歳を過ぎても過去の守護神のままであり、そうなれば「**陰転**」と言って、幸せが遠ざかるような状態を生きることになります。そのため、過去の因縁を断ち切るために必要な思考や行動を、知ることができます。

また、人にはそれぞれ、本来持って生まれた「**使命**」というものが与えられています。

そこで、あなたの「**宿命星**」を知ることで、あなたが持って生まれた使命が明らかになります。そして、その使命を果たすために必要な才能や能力をどのように使えば良いのかということが明確になります。

このように、**あなたの持っている価値観や生き様、さらには適職までも判明するのが、この「宿命星」**です。

次に**「守護獣」**です。

これによって、「あなたが好む環境」というものが分かります。

また、ラッキーカラーやラッキーナンバー、ラッキーアイテムといった開運ポイントも、ここで明らかになります。

吉方位なども分かりますので、その時々で、自分の気を高める方位はどちらなのかが分かります。あるいは、あなたが抱えやすい、運気上昇を妨げる感情などを、どうやって取り除くことができるのかなどについても学ぶことができます。

これらを日常生活にうまく取り入れる方法も学べますので、すでに実践している方々の多くが「運は秒で開ける」ことを実感されています。

そして「**十二神将**」によって、どこに行くかよりも、誰といるのがいいのかという「**相性**」が分かります。

中でも重要なのが「**天空星**」です。

人には必ず欠けているものがあり、その欠けている部分が何なのかということが明らかになります。

その部分に固執すると、「こうでなければならない」という凝り固まった考えとなり、人に対して攻撃的になってしまいます。

たとえば、年上の星が欠けているとすると、あなたは年上から助けが得られにくいという性質を持つようになります。

そのために、「年長者とはこうあるべきだ」という固定観念に縛られ、年長者に対して攻撃的になり嫌われてしまいます。

すると、自分が年上に可愛がられなかった分、逆に年下を可愛がるような傾向が現れて、結果的にリーダー的存在になったりするわけです。

最後に「人生の季節」では、**「毎月の運勢」**が分かります。

あなたにどんな才能があろうとも、**「時との相性」**というものが影響します。

時との相性とは、何か行動を起こすタイミングの良し悪しということです。

つまり、あなたが持つ人生のバイオリズムのことを言います。

毎月変わるあなたのバイオリズムの影響を、**「人生の季節月次カルテ」**というものを発行してお伝えしていますので、これによってあなたのバイオリズムのコントロールの方法を知ることができます。

このように、「数魂」一つで、これだけのことが分かるようになります。

これらの鑑定書を、相談者の相談に乗りながら相談師が書き込んでいきます。

あなたの相談に乗ってくれた相談師は、あなたのメンターとして、今後の人生においてずっと寄り添い、共に成長するパートナーとなります。

相談後はそのカルテを持ち帰り、人生のさまざまな局面において、いつでも繰り返し内容を確認することができるようになります。まさしく、あなたの運をトータルで開いていくための虎の巻となるわけです。

「ひと手間」かけて自然の真理を知り、それらを生活に取り入れていくことが、あなたが本当の幸せを作る第一歩となります。

この鑑定書を手に入れたことをきっかけに、後の人生が、以前とは比べ物にならないほど好転した方々が、すでに全国にはたくさんいます。

本書の巻末にあるプロフィール欄のＱＲコードから、無料で簡易鑑定ができるサービスにアクセスできます。ご興味ある方は、ぜひお申し込みください。

第8章

「徳積み」の極意

❶「陽徳」と「陰徳」

「徳積み」という言葉があります。
この極意さえ納得して実践していけば、必ず「運は秒で開ける」人になります。

まず、「**徳**」には2種類あります。
それは、「**陽徳**」と「**陰徳**」です。

「**陽徳**」とは、人から感謝されたり誉められたりするような善なる行動が、表面に出ている徳積みのことです。
それに対して「**陰徳**」とは、誰にもほめられないような、人知れず行う徳積みのことを表します。

私はセミナーで、「この中で、徳を積んでいない人はいますか？」と聞くことがあります。

まあ、ほとんどの場合、一人も手が挙がりません。

ということは、私のセミナーにいらっしゃる方々は、徳を積むことを意識して生活されているわけです。それは本当に素晴らしいことです。

けれども、さらに立派な人がいます。

それは、「**他人が積んだ徳にちゃんと気づける人**」です。

つまり、人様の陰徳に気づける人のことです。

誰かのために、良かれと思ってやったことに対して、その行いを誰も気づいてくれなかったとします。

多くの方は、自分の行動をアピールするかのように、「これ、やっておいたよ」

と相手に伝えたくなります。

あるいは、自分の行いは気づかれない、ということが分かっていたら、はじめからやろうとしないという可能性もあります。さらには、「私がいつも、黙ってやってあげたのに、どうしてあなたは気づかないの！」と、イライラしてしまいます。

不思議なことに、良かれと思ってやっていたことが、争いの火種になることがあるのです。

これは、今の世界の通常の在り方です。

つまり、**他人が積んだ徳に気づく方が存在しなければ、この世の中は争いに包まれてしまい**ます。

けれど、みんながもっともっと積極的に、誰かが人知れずやってくれた行動に気づこうとするなら、どうでしょうか？

気づいたときに「ありがとう」の気持ちを伝えることが、当たり前の世の中になったらどうでしょうか。

それも、知り合いに対してだけでなく、見知らぬ人の陰徳にまで感謝の気持ちを贈るのが当たり前のことになったらどうでしょうか？

子どもが幼いころから社会全体が、そういう雰囲気であれば、その子はどのように育っていくか想像してみてください。

他人が積んだ陰徳に気づき「ありがとう」の一言をかけることができれば、その人は嬉しい気持ちになり、もっと徳を積もうとするでしょう。

人が積んだ徳に気づき、感謝することができれば、この世の中は平和な世の中になるのです。

人が積んだ陰徳に気づき『ありがとう』の一言をかけること、それを昔の人は、「気遣い、心遣い、思いやり」と言ったのです。

また、人様が見ていなくても神様が見ていることを「**お天道様が見ている**」というように表現していました。

そうやって人様と神様が繋がって、運が秒で開いたのです。

また、「幸せになりたい」という人がいますが、これは裏を返すと「幸せではない」と言っているのです。

しかし、気づいていないだけで、幸せとは、「すでにあるもの」です。

その幸せとは、人が積んだ「**徳**」です。

その徳に気づくことができれば、人の愛を感じ、誰もが幸せを感じることができます。

そんな世の中にしたいと常々考えていた私が、一つの社会実験として世に出そうと今準備しているのが**「ＧＩＦＰＯＴ（ギフポット）」**です。

これは、**「ＧＩＦＴ（贈り物）＋ＰＯＴ（器）」**を一つにした造語です。

後ほど、さらに詳しく説明していきます。

人々の陰徳に気づいたとき、誰かに感謝の気持ちを伝えたいとき、子どもからお年寄りまで誰でも、そして誰に対しても、感謝の気持ちをギフトとして相手に贈ることを可能にするアプリです。

❷ 消えゆく「先人による徳積み」

最近は、日本のコンビニで海外の方々がレジを打っている姿が、かなり見慣れた光景となってきました。

日本の接客サービスは、世界一だと言われています。

そんな中、日本人とほぼ変わることなく、あるいはそれ以上にテキパキと、母国語ではない日本語を流暢に喋りながら、立派に業務を行っています。

そんな姿を見て、心から感動した方もいることでしょう。

それでは、この日本のコンビニで働く海外の方々は、もともと全員が優秀な方々だったのでしょうか？　それとも、店長さんが優秀だからそうなったのでしょうか？

もちろん、みなさんそれぞれの努力の賜物なのだと思います。

しかし、それ以前に、彼らは日本という土地に根を下ろして、日本の接客サービスのレベルの高さを知り、自分にもそんな接客ができたらすごいと思って挑戦した結果、そうなれたのです。

もし日本ではない、別の国のコンビニで働いていたら、おそらくそうはならなかったでしょう。

日本には、もともとそうなるようなエネルギーが、存在するのだということです。

つまり、すでにこの**日本自体がパワースポット**なのです。

では、そのパワーはどこから生まれたのでしょうか？

それは日本の先人たちが、何世代にも渡って積み上げて来たものです。

言わば「先人による徳積み」によって培われたパワーの恩恵を、我々は受けているのです。

しかし、残念なことに、今そのパワーがどんどん減少していることに、気がつきませんか?

先人たちによる**徳積みの貯金が底を尽きかけています。**

なんとかもう一度、考え直して徳積みをしなくてはなりません。


そこで私が考えたのが、**「GIFPOT(ギフポット)」**というアプリです。


このアプリを世に出してみて、人々がどのように反応し、どのように活用し、どのように社会が変化していくのかを、見てみたいと考えています。

あるいは、何も変化しないのか。それを実験してみようという発想です。

戦争が起きたことに対して、文句を言うのは簡単です。

しかしあなたは、平和な世の中を作り上げるために、何をやりますか?

今は消えかかっているけれど、**もともと日本人が持ち合わせていた美徳である「徳積み」を、文化として、また取り戻すための強力なツール**に、「ＧＩＦＰＯＴ」がなるはずだと、私は確信しているのです。

そして、その文化が、ＧＩＦＰＯＴアプリという現代のツールに乗って世界中に行き渡っていけば、一体世界はどうなっていくだろうか、と。

GIFPOT アプリ
画面イメージ

❸ 自然の真理と一体化したときに起こる現象

どうすれば日本を再生できるのか？

日々の活動を夢中で行う中で閃いたのが、この**ＧＩＦＰＯＴアプリ構想**です。

それを実現するにあたっては、それこそ、まるで運が秒で開けたように、とんとん拍子に事が進みました。

同じ志を持つ、有能な仲間が集まり出し、ものすごいスピードで形になっていったのです。

まず、私と同じように日本の未来を憂いていた一人の若者がいました。

八重樫恵介くんと言います。私と30年来の付き合いである親友、平井正昭氏が会長を務めるＧホールディングス株式会社の若手社長さんです。

八重樫くんは、もともと日本や世界の環境問題、その他の社会問題の解決に対する深い思い入れがありました。

実際にこの会社で、環境保全関連機器の開発をはじめ、循環型社会の構築に向けて、さまざまな事業を展開中です。

そんな彼は、世の中を変えるためには、もっと多くの人々を巻き込んでいかなければならないと常日頃から感じていました。しかし、頭レベルだけで実行できていない自分に苛立ちさえ覚えていたそうです。

ある日、その八重樫くんに、ＧＩＦＰＯＴのコンセプトを話してみました。

すると、彼の中で溜まりに溜まっていた情熱の導火線に一気に火がついたかのように、「それ、ぜひとも私にやらせてください！」と言ってくれました。

その瞬間、私はその純粋な瞳をした八重樫くんに、一切任せることを決断しました。

その後の八重樫くんの動きの速さには、目を見張るものがありました。

「夢中」で動いていることが手に取るように分かり、まさしく自然の真理と一体化して運命が全開モードに入っている状態です。

何よりも、そんな彼は実に幸せそうでした。

続いて、その八重樫くんの情熱の炎は、彼の会社の取締役であり、同じ年齢の秋山くんに飛び火しました。

秋山くんは、元・小学校教員でした。なりたくてなった教員職でした。学級づくりに奮闘し、全国の先生から意欲的に学んでいました。

しかし、徐々に自分がやりたいことが学校という枠組みでは限界があることを知ったのだと言います。

このまま定年まで教職を続けることを考えたとき、将来に対する良いイメージができなかったのです。業務は年々忙しくなり、仕事漬けの日々に心も身体もついに限界を迎えました。

生まれてくる娘との時間を大切にしたいという思いが募り、とうとう6年間の教員生活にピリオドを打つことを決めました。

その後、しばらくは何も手につかなかったそうです。

自分が本当に人生を掛けてやりたいことは何かと、自問自答を繰り返す日々を送っていたところ、ある方を介して出会ったのが同年齢の八重樫くんでした。

社会貢献に対する強い思い入れの部分で大いに共鳴し、今では共に手を携えて事業を推進していく強力なパートナー関係です。

そんな秋山くんは、もともとＩＴ系が得意でした。

八重樫くんからＧＩＦＰＯＴ構想を聞いたその日のうちに、なんと、アプリの基本構造を図式化した資料を、私に送ってきたのです。

私は心底驚きました。

まさに、私が「こんなことができたらいいな」と思っていたイメージそのものだったからです。

しかも、そのスピードの速さ。「これはいける！」そう直感した瞬間です。

おまけに秋山くんには、アプリ制作会社に親しい友人がいるというのです。

それが、NoCode Japan株式会社の渡辺さんです。

秋山くんは、早速この渡辺さんにアポを取り、GIFPOT構想の全体イメージを伝えました。すると今度は、アプリ制作のプロの厳しい目線で見ても、「これは素晴らしい！　ぜひ、全社を挙げてやらせて欲しい」という展開になりました！

「GIFPOTアプリを産み出すお手伝いだけでなく、ご一緒に育てていきましょう」ということになったのです。

ここまでの出来事は、私が八重樫くんに伝えてからほんの数日で起こったことです。

本当に、信じられませんでした。

そんな中、私には一つだけ心配なことがありました。

それは、下手をすれば億単位でかかるかもしれないと言われていた、制作費についてでした。

ところが、その心配も杞憂に終わりました。

そのジャンルの専門家ではないので、難しいことは分かりません。しかし、NoCode Japan さんでは、一からコード開発で提供するアプリ制作会社とは違い、ノーコードでの開発を基本とすることで、通常のアプリ制作よりも安く制作ができるとのことで、結果的に予算内で収まったのです。

さらにびっくりするような奇跡が起こりました。

なんとＧＩＦＰＯＴの基本デザインを、ＳＯＮＹのプレイステーションやＶＡＩＯなど、世界的に有名なロゴデザインを手掛けられた坂本学さんに、ご担当頂くことになったのです。納得いくものでなくては、仕事を受けない坂本さんが、ＧＩＦＰＯＴのコンセプトを聞き「これは素晴らしい」と言って引き受けてくれたのです。

このように、あり得ない奇跡の連続で、トントン拍子に話が進んでいきました。

そして、何よりも嬉しいことには、アプリ開発を進める NoCode Japan さんの職場で、すでにＧＩＦＰＯＴの影響が出始めてきているというのです。

というのも、お互いに「ありがとう」を言い合う機会が、以前と比べて格段に増えてきているそうです。

それだけでなく、社員同士が人知れず誰かのためにやってくれていた作業に気づくことが増えてきたそうです。

ＧＩＦＰＯＴ構想をアプリに反映させる作業が、私たち自身にそのような変化をもたらしたに違いないと、彼らは口をそろえます。

アプリがリリースする前に、すでに徳積み経営が始まっていたようです。

他にも、これまでにはなかったような斬新な広告手法で、都心を中心にＧＩＦＰＯＴの宣伝を展開できる無料オファーが届いたりもしています。

このように、私の知らないところでどんどん大きな広がりを見せ、予想を遥かに超えた展開になっていきました。

そもそも、この一連のご縁は、私の30年来の親友である平井会長から始まったことです。平井会長は循環型社会を作るために、夢やロマンを長年訴えて続けていました。

しかし、人には本音と建前があることに気づいたと言います。環境にやさしい、無添加、循環型というが、そこに景気というお金の健康がなければ、経済的不健康が起きてしまう、ということでした。

そのため、世の中のためになり、かつお金にならなければ事は動かないのが一つの考えでした。平井会長は、まさにその境地に立っていました。

また、八重樫君は平井会長が、信頼して仕事を任せている社長です。にも関わらず、本アプリ事業を推進するために立ち上げたＧＩＦＰＯＴ社の社長を兼務することをお願いできたのは、平井会長の理解があってこそです。

ここにも、徳積みの精神が溢れています。

このように、想定外の喜びと驚きの連続でＧＩＦＰＯＴの第一歩を踏み出すこととなりました。

これら一連の奇跡的な出来事は、すべて関わってくださるみなさまそれぞれの、普段からの徳積みが重なって起こったものと確信しています。

❹ 徳積みに役立つGIFPOTアプリ

それでは一体、**GIFPOTアプリ**は、どんな場面でどんな人々が、どのように活用できるアプリなのでしょうか？

GIFPOTの基本的機能は、あらかじめ入手しておいたギフトを、どなたに対しても贈ることができるというアプリです。

ここでは、**そんな徳積みに役立つGIFPOTについて、いくつかの活用例を簡単にご紹介**しておきます。

おそらく、我々の想像を超えた使われ方が次々と生まれてくると予想しています。

【ご家庭で】

●親子間コミュニケーションや徳積み教育に

子どもが何かのお手伝いをしたり、おもちゃを片付けたりしたときなど、「やって当たり前」で済ませてはいけません。

きちんと認めてあげること、これが大切です。

ＧＩＦＰＯＴアプリは、ギフトを与えるだけでなく、無料で「いいね」を渡すこともできます。

何かをやってくれたことに気づいたとき、「いいね」を子どもの端末に贈ってみてはいかがでしょうか？　認めてもらえたことを実感する喜びを持つことができるでしょう。

そんな経験の積み重ねは、子どもの自己重要感と自立心を育てます。

もちろん、子どもからママやパパに向けて「いいね」を贈ることもできます。「自分のためにこんなことまでやってくれていたんだ」ということに気づく練習ができるのです。

こうして、人に感謝を伝える喜び経験をも、ご家庭内で積み重ねることができます。おじいさんやおばあさんにも協力してもらえるといいですね。

いいねをもらった回数は、ＨＯＭＥ画面で確認できます。

「これだけもらえた（あげられた）んだね！　すごいね』と、認めつつ、「〇〇ちゃんがいつも手伝ってくれてとても助かってるよ。ありがとね」とか、「気づいてくれてたんだ！　どうもありがとう！」というメッセージを伝えます。

幼い頃から、そのような徳積み経験をたくさん積んだ子どもは、ご家庭を巣立ってから後の人生になっても、自然と身の回りが「ありがとう」であふれた環境になっていくことでしょう。

●ご夫婦で、互いの「ありがとう」を見つける習慣付けに

日々忙しい妻は、日常生活をただ送ることだけで精一杯です。洗濯をして当たり前、ご飯は時間通りにできていて当たり前。皿洗いに子どもの世話、掃除機をかけて、部屋が綺麗に保つようにものを所定の位置に……。共働きであっても、子育てのウエイトは、まだまだ妻の方に置かれがちです。逆に、御主人って毎日いろんな思いを乗り越えながらお仕事を頑張っています。そんなとき、ご夫婦で「いつもありがとう」のメッセージと共に、ギフトやいいねが贈り合えたとしたらどうでしょう。

「当たり前」の反対は「有難い」です。

日頃なかなか言葉では伝えにくい「ありがとう」の気持ちを、そっと贈る行為そのものが「徳積み」となります。

【職場で】

●人事評価の新指標に

ギフトをお金に変えられる仕組みをもつＧＩＦＰＯＴなら、会社の福利厚生費の一部をＧＩＦＰＯＴにあてがうことができます。

ＧＩＦＰＯＴの利点は、誰が誰にギフトをあげたのか分かる設定にすることもできることです。

たとえば、他部署に対する貢献は、人事評価に反映されることが、通常ではほとんどありません。

しかし、ＧＩＦＰＯＴを活用することによって、お互いに感謝を贈り合う文化が社内に浸透すれば、その人が他部署の同僚から受け取った「いいね」やギフトの数も、人事評価の指標として取り入れることが可能です。

それは、社員のモチベーションにつながります。

さらに、どのようにすれば「周りから応援される人になれるのか」「感謝されるのか」「周りに貢献できるのか」を、考える習慣が自然に身につきます。

そのような意識付けは、お客さまへの態度にも変化が現れてくるでしょう。

お客様のために何ができるかを常に考える習慣が、ＧＩＦＰＯＴを通じて身につくからです。

たくさんギフトを受け取った社員を取り上げて、接客術や普段から行なっている工夫などについて社員全体に共有させることもできます。

それは、やがて売り上げアップにつながるでしょうし、受け取ったギフトの多い社員を接客の中心にするなど、ＧＩＦＰＯＴの履歴データから、新たな戦略立案に役立てることもできます。

【店内で】

●お客様と店員との温かい交流ツールに

目の前のお客様から直接、感謝のギフトを贈ってもらえることはすごく嬉しいことです。しかし、日本人の性格上、なかなかそれは恥ずかしく、抵抗を感じるはず。

たとえば、飲食店であれば、卓上に接客担当者のＧＩＦＰＯＴ専用ＱＲコードを掲示しておきます。そして、気持ちの良い接客を受けた際には、お客様からギフトやいいねを贈っていただけるように、あらかじめお願いをしておくのです。

こうしておけば、サプライズプレゼントのように、接客者本人に知られずに応援することもできます。

欧米で言うチップのような感覚で、良い印象を与えた店員の副収入にもなります。そして何より、いいねの数が本人にとっての大きな励みになることでしょう。もちろん、店員にお客様ご自身のスマホアプリからＱＲコードを読み取ってもらって、直接ギフトを渡すこともできます。

リアルにプレゼントをあげるような感覚ですね。受け取った方は、画面にプレゼントごとに違った演出がその場で流れますので、お互い楽しめます。

このようにＧＩＦＰＯＴは、お客様と店員との間でも、感謝と喜びの心が通い合う温かいツールになり得ます。

【街中で】

●「ありがとう」であふれた町づくりに

道端のちょっとした花壇のお手入れや道路の環境整備については、「自治体が業者を雇ってやっているのだろう」くらいにしか思われていません。それどころか、ほとんど意識すらされていないのが実情ではないでしょうか？

しかし、そんな場所にも、ＧＩＦＰＯＴのＱＲコードが置いてあったとしたらどうでしょう。

通勤通学の途中で、あるいは買い物帰りに、「綺麗だな」とか「暑い中で、道路の修理や除草作業は大変だろうな」、そんなふうに感じることがあったとしましょう。そんなときに、感謝の言葉を添えてギフトやいいねが気軽に贈られるような仕組みがあったとしたら、いかがでしょう。

もちろん、業者さんはちゃんとお金をもらい、仕事としてやっています。たとえ暑い中や寒い中であろうと、作業することは当たり前かも知れません。しかし、そんな業者さんたちも、市民からの喜びや応援の声ＧＩＦＰＯＴで届くようになればどうでしょう。「仕事の成果を、きちんと見てくれている人がいる」と励みに思い、やりがいつながるはずです。

また、企業や自治体主催のイベントなどが開催された際に、ＧＩＦＰＯＴのＱＲコードが、至る所に貼ってあるとします。「面白かった」「美味しかった」「また来たい」などと感じたブースには、参加客からＧＩＦＰＯＴの贈り物が届きます。

それがデータとして記録、蓄積されますから、主催者にとっては次回のイベント成功に向けた、貴重な参考データにすることもできます。

「感謝の芽はすでに至る所にたくさんある。なのにそれに気づけていない」

ＧＩＦＰＯＴはそういう前提に立って、設計されています。

家庭内で、職場で、お店で、街中至る所で、ＧＩＦＰＯＴさえあれば、ギフトやいいねが飛び交います。そうすれば、今よりもっと、感謝と喜びで満ちあふれた世の中になるでしょう。

自分自身が陰徳を積むことが増えるのはもちろん、これまで意識することのなかった大勢の人々の陰徳に気づく機会が増えていきます。

感謝の気持ちをカタチにして伝えた結果、また喜びと感謝が自分にも返ってくる。まさに徳積みの連鎖、徳積みの循環です。

先人の徳積みによって残されたのは、目に見える美しい街並みや風景だけではありません。

普段は意識していなくても、人々の心の中に眠っている、温かい感謝の心、喜びの心、そして自然の法則に隠された美をも愛でる感性があります。

そういった、人としてこの世を生きる中で、感じることのできるようなあらゆる美徳や美意識も、私たちが受け取り、後世に受け継いでいくことのできる先人からの恩恵だと考えています。

そのような感性や美徳、美意識といったものを明確化し、受け継いでいくための受け皿となる環境文化を産み出していく必要があります。

あなたの徳積みが、必ずこの世の中を良くしていきます。

そのために大いに役立てることができる道具、それこそが、ＧＩＦＰＯＴのコンセプトであり、存在意義なのです。

❺ コロナ支援における徳積み

私が、ＧＩＦＰＯＴのアイデアを閃いたのは、あるきっかけがあったからです。

それが、２０２０年に起こった、誰もが生まれて一度も経験したことのないコロナパンデミックでした。

全国で一斉に自粛し、多くの飲食店が店を閉めなければならない事態になりましたよね。

私が住んでいた長崎では、旧暦の正月に合わせてランタンフェスティバルが開催されます。中国からの観光客で溢れるイベントなのですが、２０２０年のランタンフェスティバルには参加者が少なく、閑散としたものになりました。

「これはヤバい！　今中国で起こっているこの波は、必ず日本にもやってくる」と感じました。そして、首都圏で自粛が始まりだしたとき、すぐに全国に広がるに違いないと確信しました。

そうなれば、必ず肉や野菜、魚などの流通にも大きな影響が出ます。生産者も苦しむことになります。

普段から、徳積みの大切さを訴えて来た私です。

こんなときこそ、自ら徳積みを実践すべきだ、と考えました。

そこで、**「コロナ支援訳あり情報グループ」をＦａｃｅｂｏｏｋで立ち上げました。**

これは、外出自粛で大きな痛手を被っていた飲食業や生産者の方々と消費者を繋ぐことで、支援の輪を広げていくことを目的とするグループでした。

立ち上げからわずか２週間で30万人が登録。数多くのメディアにも紹介されて、非常に多くの方からご支援をいただきました。

全国各地から喜びと安堵、そして、心のこもった感謝のお言葉をいただきました。

中には、「首をくくるしか方法がないというところまで追い込まれていましたが、おかげでなんとか今も生きることができています。本当にありがとうございました」

といった、切実なお声もありました。

それも、お一人やお二人ではありませんでした。

半年間で70億円から80億円の売上を作ることができました。

ただし、私の目的は稼ぐことではなく「徳積み」にありましたので、当然、すべてボランティアです。私自身は、一銭もいただくことはしませんでした。


以下に、パンデミックの真っ只中で、私がそのFacebookグループで投稿した内容の一部を引用させていただきます。

当時の緊迫感が伝われば幸いです。

・・・・・・・・・・・・・・・・・・・・・・・・

【全ての人々に愛を】

日本の自給自足率は37％。

ホテル、旅館、飲食店、冠婚葬祭、レジャー施設、給食、さまざまな場所でフードロスが起きています。

さらに、海外からのインバウンドは90％ダウン。

よく考えてください。

飲食店で大人数で食事をした場合、全く食べ残しがなく、食べきることがあるでしょうか？

おそらくないはずです。

その食べ残しまで入れて、生産者は収益のバランスを取っています。

その全ての流通がストップすると何が起こるでしょう？

花が咲いているのに、目の前で散り
野菜が実っているのに目の前で枯れ

牛や豚、鳥が育っているのに、餌をやり続けるか、処分するか？
養殖の魚も同様です。
このままでは、生産者は破綻し、さらに自給自足率は低下します。
もし、生産者が破綻したら、来年の食卓に食べ物は並ぶでしょうか？
これは日本だけはありません。
世界中が同じ状況です。
そうなると、自国を守る為に必ず輸出規制をかけられます。
輸出規制をかけられて一番困るのが牧場や養鶏場。
トウモロコシなどを餌にする家畜が育たなくなります。
問題が起きてからではもう遅いのです。
私たちに今できることは課題に取り組むこと。
つまり、生産者を救うことです。
それは、あなたが支援者であるのと同時に、将来のご自身を支援しているのです。
また、国もスーパーなどの人が集まるところを避け、なるべく通信販売で購入するように促しています。
なぜ、あの国だけ食糧危機にならなかったのか？
そんな歴史を私達の手で作りましょう！

安いものを買う。
買い物の楽しさも大切ですが、少しでも生産者を救う。
また、事業を続けるには利益が出ないと、継続できません。
安いものだけを買うのではなく、この人を救いたい。
そんな人の商品をお買い求めください。
生産者から沢山のメッセージが届きます。
なかには、「本気で首を吊る事も考えた」と。
これは１人ではありません。何人もいます。
「本当にこのグループに出会えてよかった」

「ここにいる皆様は、命の恩人です」

「いつか必ずお返しします」

そんな方から沢山感謝のメッセージが届きます。

私たちは両親からこう言われて育ちました。
『世の為、人の為に役に立つ大人になりまさい』
私はこの両親との約束を守りたい！
その一心で、このグループを運営しています。
その心がこの素晴らしい国を作ったと信じております。
そして、小さな心を包み込むのは大きな愛だと信じています。
皆様と一緒に愛の感染爆発【愛のパンデミック】を起こしましょう！
「パンデミック」はギリシャ語の「パンデミア」が語源で、
パンは「全て」、デミアは「人々」を表します。

つまり、愛のパンデミックとは

【全ての人々に愛を!】

これが【愛のパンデミック】です。

コロナの影響により断絶された経済の流れ。
この血流とも言える経済がストップしたことで、窮地に立たされている事と思います。
目の前で花は散り、野菜は枯れ、貝は死に、肉は腐る
枯れた花を掃除し、実った野菜を草刈機で処分し、家畜を廃棄する。
まさに絶望の淵に立たされている。
このまま続けられるのか?

倒産、破産、廃業
どんなに努力をしても乗り越えられない。
なかには死ぬことさえ考えたと言われた方もいました。
私は努力が報われる社会
良い人が馬鹿を見ない社会
　そんな社会を目指しています。

東日本大震災の後に【絆】という言葉を意識するようになりました。
私たち人類は何か大きな出来事がある度に、結束して乗り越えてきました。
私は良い人が馬鹿を見ない社会を作るために、
ここに良い人だけを集めて、
良い人を支える未来の社会の縮図を作りたいと思っています。

生産者の皆さん

人には３つの成長があります。
小さな子どもに『成長したな』
これは身体が大きくなった時。
つまり、生態的成長です。
木で言えば実り
次は新入社員が成長した時。
これは営業力や技術力、知識や資格といったスキルの成長。
これは幹。
最後に根っこ。
根っこは見えません。
これは心です。
木の根っこは水がなければないほど、水を求めて伸びると言われています。
これと同じ様に、過酷な時ほど心は育ちます。

「ピンチはチャンス」

今、心を育てるチャンスを頂いているのです。

・・・

私はこの「**コロナ支援訳あり情報グループ**」を立ち上げ、本当に得難い体験をさせていただくことができました。

私個人としても、お陰様で大きく成長させていただくことができたと思います。いただいた声のほとんどが感謝のお言葉でしたが、包み隠さずお話すると、中には心無い、誹謗中傷に近いようなひどい言葉を浴びせられることも、少なからずありました。すべてボランティアでやっていたということを、その方々は理解されてなかったのかもしれません。

連日連夜、そのような方々との対応に追われていたスタッフも、終わりが見えないだけに、心が折れそうになるギリギリのところで、本当によく踏ん張ってくれました。

なぜ踏ん張れたかについては、ご説明するまでもありませんね。

私たちには強い志と、揺るぎない信念があったからです。

愛する日本と、そこで共に生き、苦しみや痛みを分かち合う同胞のために、必ず力になるのだという、その一心でした。

この貴重な体験をどう活かすか……。

それが私にとって、次のステップとなる大きな課題です。


最終目標は、沈没していこうとしている日本をきちんと再生してみせることです。そして、さらにそこから、世界平和につなげていくことです。

この壮大な目標を、今度はどのような方法で成し遂げるかが大切です。

それは、コロナ支援という、私なりの徳積み行動から得たような貴重な学びと成長を、今度は他の多くの方々と一緒に取り組みながら分かち合うことです。

それを可能にしてくれるのが、**ＧＩＦＰＯＴアプリ**なのです。

❻日本再生という社会実験

かつて、経済大国として、世界第二位まで上り詰めた日本の原動力とは何だったのでしょうか?

3年間で700を超える講演活動を行う中で、地方の施設を訪れることが多くあります。すると、時に戦争の悲劇の展示などを目にします。

私は原爆を落とされた長崎で生まれ育ちました。

人類史に残る、悲惨な戦争被害を直接受けた場所です。

しかし、他県の被害を耳にすると、被害に遭っているのは長崎や広島だけではないことに気づかされました。全国各地で、空襲を受けた多くの人々が犠牲になっていたのです。

日本全国、いたる所で空爆を受け、焼け野原になりました。

その日本が、戦後からたった19年でオリンピックを開催することができました。

その力はどこから来たのか？

そんな日本の姿を見て、マレーシアのマハティール首相が政策を立ち上げました。

「ルックイースト（日本人を見習え）」というものです。

つまり、「日本人を見習え」ということが、当時のマレーシアの国策だったのです。

それでは、日本人の何を見習えといったのか？

それは、日本人が持って入る**価値観や倫理観、道徳などの「精神性」**を見習えと言ったのです。

その中でも一番影響を受けたのが「**恥の文化**」です。

日本人は祖先や神様に対して、恥をかかない様な生き方を意識してきました。

恥じることを行えば、切腹して罪を償ったのです。

かつての日本の教育者は、生徒がいじめられて自殺するようなことがあれば、先生が切腹して罪を償ったのです。

それほどの**覚悟を持って教育と向き合って**いました。

現代の日本人も、恥をかいたら恥ずかしいからと、ビルから飛び降りたりなど自死をする人はいます。

しかし、切腹と自死は全く違います。

日本人の原動力とは何だったのか?

そこに見えてきた答えが「**徳積み**」です。

徳によって繁栄する社会という基盤があったからこそ、戦後の焼け野原状態からほんの数十年という短期間で世界経済大国二位にまで上り詰めたのです。

しかし、今の日本はどうでしょう。

今日の日本人に同じことができるでしょうか？

再び、徳積みで国を豊かにすることができるのでしょうか？

徳を積むことを悪いことだという人はいませんが、徳を積んでもなんの得もないと考える人はたくさんいます。

でも、思い出してください。

私たちのご先祖様たちは、「徳を持って国を豊み」して来たのです。


これより、**ＧＩＦＰＯＴアプリを用いた日本再生**という社会実験を行います！

この壮大な実験に、あなたも参加してください。

それが、自然の真理に沿った生き方なのです。


そして、**あなた自身が秒で運を開く人間となって本当の幸せをつかみ、また他の多くの方々もそうなれるように、正しく導く人となってください。**

第9章

平和を作る極意

❶ 大義を持つ

土建屋さんとは、道を作ったり、トンネルを掘ったりする仕事です。

ある知り合いの土建屋さんの社長が私にこんな話をしました。

「俺は道を作っているのでも、売上を作っているのでもない。俺は国を作っているんだ」って。

そうなのです。道を作るとは日本のインフラを作っているということです。

それは、国作りに他ありません。

私が行っている事業の一つに建設業があります。

神社仏閣や住宅などの屋根を作る瓦業です。

私も同じように、社員にこんな言葉を告げたことがあります。

ある日、長崎の夜景が見えるホテルで忘年会を行いました。

そのホテルから見る夜景は絶景で、日本三大夜景が一望できるホテルです。

その窓際に社員を集め、夜景を眺めました。

「皆あの灯りを見るんだ。あの灯りの中で人々の営みがある。この灯りの中の人々の暮らしを俺たちは守っているんだ。単に瓦工事をやっていると思うな。俺たちが長崎の屋根を守っているんだという誇りを持つんだ」

すると、社員も熱い思いを受け取ってくれたのか闘志がみなぎり、その後、長崎でナンバーワンの瓦工事業者になりました。

今では、私の会社が潰れたら長崎の家が建たないくらいになっています。
このように、あなたにも**大義**があるはずです。

飲食店であれば、日本の食文化を守っているとか、運送屋さんであれば、日本のインフラを守っているとかです。農家であれば、日本の自給自足率を守っているとかもいいでしょう。

何でも良いから、**大義を持って生きるだけで、人は輝きます。**
大義を持てば、あなたの自身が光り輝き、あなたの人生を豊かにします。
この一人一人の誇りが人を強くし、会社を強くし、国を強くするのです。

では、その強さとはどこから生まれるのでしょうか？

一言で言えば、それは「**自分に負けないこと**」です。

敵を外に作るのではなく、内に作るのです。

敵を外に作った瞬間、争い事が起きます。

戦いには、個人どうしの戦いや会社どうしの戦い、国どうしの戦いなど、さまざまなレベルがあります。

しかし、そのレベルの大小とは関係なく、あらゆる戦いというものは似たような原理で起こっています。

❷「平和」の反対は「戦争」でない

あなたが本当に「**運は秒で開ける**」という人生を手に入れたければ、また、あなたにとっての本当の幸せを作りたければ、意識するべきことがあります。

世界を平和にし、争いを終わらせて調和した社会づくりに参画することが「必要不可欠」です。

なぜなら、世界が平和でなければ、あなたの幸せは絵に描いた餅になるからです。あなたの幸せを作るためのすべての努力が、まったく無意味になってしまうのです。

平和な世の中を作るためにあなたは毎日何を行っていますか？

生きるために、勝つために、お金を作ることはしても、平和な世の中を作るために具体的に行動をとっている人は非常に少ないのです。

幸せな生活が長く続くと、やがてマンネリ化して感謝が薄れ、刺激を求めて危ない橋を渡るようになります。

同様に、平和な時代が長く続くと、些細なことをきっかけに、世界情勢が一気に不安定になってしまいます。


まさに今の世界情勢は、そうなっていませんか？

だから**平和とは、自然に「なる」ものではなく、自分たちの手で「作る」ものなのです。**
そう、あなたの幸せを、あなた自身が「作る」のと同じことです。

だから、**幸せを当たり前だと思ってはいけない**のです。

それと同様に、**平和を当たり前とも思ってはいけない**のです。


思い出してください。

秒で開運するためには、「幸せとは何か」を知る必要がありましたね？

それと同じように、平和な世の中を作るためには、まず「平和とは何か」を知ることが重要なのです。


そこであなたにお尋ねします。

平和の反対側にあるものは、一体何でしょうか？

戦争だと思いますか？　いいえ、それは違います。

「平和」の反対は、「繁栄」です。

なぜなら、繁栄することを求めて、人々は競い合い、互いに争い、周りに打ち勝とうとするからです。

その結果、取り返しのつかない行動に繋がっていくのです。

それは、個人レベルでも会社レベルでも、国家レベルでも同じことです。平和な世の中を作るためには、「平和とは何か」を知ることが大切だと、先ほど述べました。

そして、「平和とは何か」を知るためには、「戦争とは何か」を知ることが必要です。いったん戦争が始まってしまったら、「戦争反対」と声を上げたところで手遅れになってしまいますから。

特に、第二次世界大戦後、めざましい発展を遂げてしまった人類は、地球を何回も終わらせてしまうほどの技術力をすでに手にしてしまっています。

もし万が一、また世界大戦のような大きな戦争が始まってしまったら、散々戦って世界の「気が晴れる」よりはるか手前で、人類は滅亡してしまうことでしょう。

戦争は誰が正しい、間違っているではなく、勝ったものが正しいのです。

しかし、今度また世界大戦が起こるようなことがあるとすれば、勝者は誰もいないという結果になるでしょう。

ただ人類の破滅がそこにあるだけです。

そのことに気づいた人は、全力で行動しなければなりません。

そして、行動するときに大切なこと、私たちが取るべき行動があります。

それは、**「戦争反対運動」ではなく、「平和賛成運動」**です。

「平和賛成運動」とは、戦争が起きない平和な世の中を作るために、具体的に行動に移すことを指します。

それに対し、戦争反対を叫ぶことは、それこそ戦いそのものです。

あなた自身から、戦いのエネルギーを放出してしまい、それは戦争を助長していることと同じだからです。

❸ まずは己がそうあれ

人としての理想の姿とは何なのでしょうか?

多くの人がそのように自問自答することがあるでしょう。

しかし、それに対する答えは人それぞれ異なるものです。

一般的に言えることとは、**相手に敬意を払い、優しさや思いやりを持って接すること**でしょう。

日本人は礼儀正しく、世界でもその美しい心遣いが高く評価されています。

また、日本の伝統文化や料理、アニメ、漫画などが海外でも愛され、多くの人々に影響を与えています。

他国になくて日本にあるものは、たとえばおもてなしの精神やモノづくりへのこだわり、または「和」の心が挙げられます。

日本人は協調性があり、集団の中の調和やバランスを大切にすることが多いとされています。**これらの特徴は他国にはあまり見られないものであり、日本人の強み**となっています。

しかし、そのような人としての**【あり方】**を唱え、理想的な姿を描くことも大切ですが、それを実現するためには具体的な**【やり方】**が必要です。

これまでのやり方で問題が生じているなら、新しい取り組みやアプローチを模索することが大切です。ただ理想を唱えるだけで、自分自身が何もやらないのであれば説得力が足りず、ただの評論家になってしまいます。

まずは己がそうあれ！　自らが行ってこそ、理想は形になります。

理想を掲げたなら、その理想を実現するために、自分ができることを具体的に考え、実践することが大切です。**自分自身が変わり、行動することが、本当の意味での変革を生み出すきっかけになる**と私は考えます。

❹ 大多数の民意をＧＩＦＰＯＴで

この本の原稿執筆時点では、ロシアとウクライナが戦争をしています。

「ロシアが悪い。ウクライナがかわいそう」。マスコミやネット社会ではこぞって、そのような雰囲気を作っています。「ウクライナに寄付した」という声もよく聞きます。日本政府も、ウクライナに莫大な資金を提供しているそうです。

でも、それは見方を変えれば「ロシア人をもっと殺せ」って言っているようなものではありませんか？

「軍事侵攻を始めたロシアが悪い」

「いや、元々ウクライナがロシアに対してあんなことをしたからだ」

「いやＮＡＴＯが」

「いやアメリカのCIAが……」

このように、間違い探しや犯人探しを躍起になってやっています。

でもそれでは、ロシアもウクライナも「気が晴れない」のです。

両者とも、どうすれば気が晴れるのでしょうか？

だからこそ、今やるべきは、どちらが正しいか正しくないかの議論ではないはずです。

どうやったら戦争を終わらせることができるのか、そちらです。

そのために全世界が一致団結し、知恵を絞って協力し合うことが大事です。

当人どうしでの解決が難しいなら、周りの国が手助けをすればいいのです。

周りの国が動かないなら、一般市民が世界中から声を上げればいいのです。

「もう戦いはやめよう」というメッセージをそえて、GIFPOTアプリを通じてウクライナとロシアの両方にギフトを贈った方がよほどいいと思います。

大多数の民意は、武力に勝ります。

❺ある先生との出会い

ビジネスで多くの損失を出し、この先どうしたいいのか路頭に迷っていた時期が私にはあります。

33歳のことでした。

そんな悶々とした生活を送っていたある日、一人の先生に出会います。

悩んでいる私の話を聞いてくれたその先生は、こう言われました。

先生：君の話を聞いていると、君はどうやったら上手くいくかばかり話して、あり方の話は全く出てこないね。

確かにやり方を磨けばお金儲けはできるかもしれないけど、その結果、君はどうなったのだっけ？

そう、だから今があるのだろう？

そして、安定や平和にすることが君の人生のテーマなのに、繁栄することばかり言っている。

君は、何もしなくても平和はあると思うかい？

もしあるとしたなら、なぜ君は今、平和じゃないんだい？

君は平和を作るために何をやっている？

何もやっていないだろう？

だから今があるんだよ。

どうしたら平和で持続可能な、会社を作れるか？

具体的に学ぶんだよ。


私‥では、どうしたら学ぶことができるのでしょうか？

先生‥それは、世界で一番長く続く組織を学べば良い。

私　：世界一長く続く組織？
先生：君は世界で一番長く続く組織が、どこだか知っているかい？
それは、君が住む日本だよ。
君は、その国の上に立ってる。
君は、どこを見ているんだ！
アメリカかい？
君の眼の前に答えはあるじゃないか。

私は正直驚きました。
それまで世界で一番長く続く国は、中国やエジプトだと思っていたからです。
私は、先生に尋ねました。

私　：中国やエジプトはどうなんですか？

先生：ああ中国ね、あの国はまだできて52年の国だよ。（２００１年時点）
私　：しかし、中国３０００年の歴史っていうじゃないですか？
先生：確かに同じ場所に今の中国はあるし、同じ人たちが住んでいた。
　　　しかし、中国は何度も滅びている。
私　：それを言うなら、日本の幕府も何度も変わっていませんか？
先生：そうじゃな。じゃ今の日本の君主は誰だい？
私　：天皇です。
先生：じゃあ、天皇はいつから存在している？

　私は答えられませんでした。

先生：今の天皇は何代目か知っているかい？
　　　日本の天皇は、世界で最も長く続くエンペラーだって知っているかい？

また、エンペラーという称号を使えるのは、世界で天皇だけなんだよ

そして、1枚の写真を見せられました。

先生：世界で一番上座に座るのは天皇。
なぜならば、貴族とは昨日今日の成り上がりは、認めないからだ。
長い間、国を支えた貴族が尊敬を集める。つまり歴史が大切なのだよ
つまり世界で、一番長く続く貴族は天皇だ。
凄いと思わないか？

先生は、最後に私にこう言いました。

先生：日本のことをもっと学ぶと良いよ。

今の迷いがなくなるから。

このとき、何も答えられなかった自分がとても恥ずかしかったです。
同時に、もっと学ばなければと、猛烈に学びたい衝動に掻き立てられました。

なぜ日本だけがこんなに長く続いたのか？

そこには理由があるはず。
そのなぜの向こう側に、探し求めていた何かがあるはず。
そこで改めて、日本という国について真面目に勉強を始めたのです。

第10章

示し申す道を歩む極意

❶ 日本が没落した理由

「このままだとやばいぞ日本！」

今、多くの日本人がそう考えています。

たとえば、産業分野一つ取ってみても、非常に危うい状況です。

日本のかつての主力産業というと、車や電化製品が筆頭に挙げられました。しかし、日本の電化製品はとっくの昔に韓国のサムスンなどに完全に追い抜かれています。トヨタは10年後に無くなってしまうのではないか、という声まであります。

日本の屋台骨とされる自動車産業までがこのような状態です。

なぜこんな日本になってしまったのでしょうか？

答えは「**教育**」にあります。

日本は、世界を相手に戦争をしました。

もともとは、欧米による植民地政策で始まった戦争でした。

多くのアジア諸国が欧米の植民地になりました。**植民地にならなかった国はたったの三国**だけです。

それが、タイ、エチオピア、そして**日本**です。

エチオピアには疫病が流行り、入れませんでした。その結果、植民地から免れたのです。

タイはフランスとイギリスの挟み撃ちになり、どちらかがタイに侵略すると双方の国がぶつかることから、占領できませんでした。

この三国の中で、唯一**防衛によって植民地化を逃れたのが日本**です。

世界を相手に戦ったのです。

東の端にある小さな島国である日本が、なぜ世界を相手に戦争ができたのでしょうか？

戦後、GHQは日本の強さについて、徹底的に調査しました。
欧米では、人を束ねるものは「**宗教**」でした。
しかし、日本には、いわゆる西洋的な宗教という概念は、ほとんどありませんでした。

宗教がないのに、どうしてこんなに強い国になったのか？

その理由が「**教育**」でした。
日本人の高い民度は、学校教育によって作られていたことに気づいたのです。
そこで学校教育の中から、その中心にあった道徳教育を取り除きました。
そして徹底的に歴史や神話、帝王学を排除して骨抜きにしたのです。

では、本来の日本の教育を一番受けていない世代はどの世代でしょう？
10代・20代・30代・40代・50代・60代・70代・80代……。
あなたは、どの世代だと思いますか？

それがなんと70代なのです。

なぜなら戦後、教科書で都合の悪い箇所は、全部黒く塗られたのです。これを黒塗りの教科書と呼びます。

つまり、戦後復興を支えたのは80代以上の世代です。

そして、**戦後教育を受けた70代の子どもが、現在の40代～50代になります。なんと、現在の政治や経済を支える主軸の人たち**です。

日本が没落するのも当然です。

だから、政治家や企業家に任せていては日本が危ない。

「神話を失った国は、百年で滅びる」という言葉があります。

この百年というのが、まさに日本が先の大戦に負けてからと計算すれば、**日本は今、文字通り滅亡の危機にある**ということです。

そこに気づいた人たちから、日**本人が理想としてきた精神文化を取り戻す必要があるの**です。

❷ 日本人にとっての神様とは

日本人にとっての神々とは、私たちが住む土地、その土地における自然など、といった身の回りの自然そのものを表します。

その自然に対して、当たり前のように感謝するのが日本人です。

キリスト教では、問題を起こしても、「**懺悔**」をしたら許されるという発想があります。

ところが、**日本人にとっての神様というのは、何かを導くとか許すとか罰するとかご利益を与えるとか、そういった存在ではない**のです。

創始者もいなければ、教義も経典もありません。

唯一の存在ではなく、あまねく存在するものです。

元来日本では、疫病や災害や、人間にとって都合の悪いことは、神様が怒ったことによって起きると考えました。

八坂神社の祇園祭という行事がありますが、あれはちょうど梅雨時に行われるお祭りで、疫病が流行る梅雨の時期に、神々の怒りを鎮める鎮魂祭として行われています。

その御祭神がスサノオノミコト。荒ぶる神です。

神々の怒りは、この一番強い荒ぶる神によって抑えるという発想が、祇園祭の起源だと言われています。

このように、本来**日本の神様というのは、畏怖《おそれ》の対象**でした。

だから日本人には、自然をコントロールするという発想がないのです。

あるがままを受け入れるということが、基本となっています。
神を表す名前に「**命**《ミコト》」という音が付くことが多くあります。
スサノオノミコトにも「**命**《ミコト》」が付いていますね。

生きるということは、命を奪うことです。
そしてその命というのは、多くの場合自然界の命です。

自然界の命と人……。
それが、神と直結しているのです。

そういう意味で「**ミコト**」という言葉を、日本人は長きに渡って、神々を意味するものとして使ってきました。

私たちは神から、すでに多くの命をいただいています。

新しく得ることよりも、すでにあるものに感謝します。

そのような**感謝の対象が、日本人にとっての神様**なのです。

❸ 勤労できることを感謝する

神様は畏怖の対象なので、常に感謝の意を届けに行きます。

私たちが頑張れるのは、自然の恵みがあってこそなのだ、ということです。

だからこそ、**自然界からいただいたものに対して、感謝を捧げる**のです。

決して、自分が頑張って出した成果に対して、「報酬をもらうのは当たり前」とは考えません。

仕事を「させていただいている」ことに対して、感謝を捧げるのです。

そして、各地域の村々で、それぞれの「**お祭り**」があります。

そのお祭りも、一つの祭りではありません。

全国各地で、いろいろな祭りが催され、いろいろな神様が祀られています。

その土地を守ってくださっている神様を氏神さまとして崇め奉り、その神様に、感謝を届けることを、行って来ました。

そして一年の収穫の最後に、五穀豊穣のお祭り、いわゆる収穫祭をします。

その地域の氏神さまに、その年の収穫に対し感謝を届けるのです。

これが「**神嘗祭**《かんなめさい》」というものです。

新米が穫れたら、私たち人間の口に入る前に、まず、氏神様に奉納します。

奉納を終えて初めて、我々人間が口にできるわけです。

そこから約1ヶ月後の11月23日、今では勤労感謝の日と言われています。

しかし、この日は本来、誰が誰に感謝する日なのでしょうか?

それは、勤労者が感謝される日ではなくて、**勤労者が勤労できることに感謝する日**なのです。

つまり、**私たちは常に、働かせていただけているのだという、そういう謙虚さを持っていた**のです。

❹日本人にとっての天皇とは？

そして、この勤労感謝の日は、もともとは勤労感謝の日ではありませんでした。

「**新嘗祭**《にいなめさい》」が行われる日でした。

これは、宮中で、天皇陛下が天照大神と一緒に、新米をいただく日です。

そして、この日から初めて、天皇陛下は新米を召し上がるようになります。

お気づきでしょうか？

まず、**全国各地の神々と、そして民に米が行き渡ったことを見届けてから、天皇陛下が新米を召し上がる**のです。

そこには、他国の価値観と比べて、どのような違いがあるでしょうか？

まず王様が1年間暮らせて、存分な蓄えを得て、そして余ったものを民に分け与えるというのが、普通の感覚です。

しかし、**我々民の中心にお座りいただいている天皇陛下は、まず民に新米が行き届いたのを見届けてから、最後に召し上がる**のです。

これを、２６８３年間（令和五年現在）、１２６代にわたってやって来られたのです。

このことを、あなたはどう受け止めますか？

たとえば、由緒ある家柄であれば、家訓みたいなものがあるかもしれません。

それを、次の代に渡していきます。

さらに次に、さらに次、とやって、126代も渡し続けることを、果たして実行できるのでしょうか？

我が国の中心におられる天皇家は、万世一系でそれをずっとやって来られているのです。

では、**そのような天皇を中心に抱く我が国とは、一体どんな国なのでしょうか？**

「誰がどういう思いで、作られた国なんですか？」
「日本とは、どんな国ですか？」
「建国の言葉とは、どのようなものですか？」

海外から来た人たちに、このようなことを尋ねられた時に、あなたは明確に答えることができるでしょうか？

おそらく多くの方は、建国の言葉すら知らないでしょう。

かろうじて天照大神の存在は知っていても、天照大神がどういう思いでこの国を造りなさいと告げたのか……。

学校では、そんな基本的なことすら教わっていないのが現状です。

❺ 日本国の成り立ち

古事記の国譲りの物語の一節に、このような言葉があります。

「汝このウシハク国は、シラス国とアマテラスが仰せである」

この言葉の意味を解説します。

この意味が分かれば、日本という国の成り立ちが理解できます。

出雲の国は、争いを重ねた結果、大国主によって平定されました。

その大国主に対して、天照大神がこうおっしゃいました。

「あの荒れた国は、我々が治めなければならない」

そして、高天原最強の武神であるタケミカヅチを、大国主の元に使者として遣わし、その時に、大国主に対して先ほどの言葉が告げられたのです。


つまり、**武力を使わず、国譲りの交渉を行った**わけです。


まず、「ウシハク」とはどういう意味でしょうか？

「ウシ」とは「主人」、「主人（が）履く（所有する）」という意味です。

争うことによって国を造れば、権力は一人に集中します。

それが「**独裁**」です。

つまり、天照大神は、こういうことを伝えたかったのです。

「このままいけば、独裁国家になる。争うことによって国を造る（支配する）ことを許せば、戦に勝てば、国を作って良いということを、自らが示すことになる」

大陸で行われてきた「易姓革命」が、まさにこういうことです。

つまり、王の姓がどんどん変わっていくことに、民が巻き込まれ、国全体で戦が起こるということが、実際に大陸で、歴史上繰り返されてきました。

ところが、我が国日本では、天皇自らが戦争を仕掛けて争うといった、そういった歴史は、ほとんどありません。

天皇が動くときは、世の中がすごく荒れる時なのです。

天皇とて一人の人間ですので、一人の人間としての自我というものが出た時に、やはりそういった争いが起きることが、歴史上ありました。

しかしそんな中、天皇ご自身が反省し、**「天皇は権力ではなく権威の存在、つま**

り、象徴であるべきだ」と、初めてお示しになったのが持統天皇です。

天皇というのは、民の「頂点」ではなく「中心」ですよ、と示したのです。

「象徴」とはどのような存在でしょうか。

それは、神として教えを説くわけではなく、宗教のトップとして信仰を広めるわけでもなく、**ただひたすら国の安寧を願い、祈る存在**です。

それが、象徴としての天皇です。

❻日本とはどんな国？

では我が国、日本国とはどんな国なのでしょうか？

我が国は「**シラス国**」だと言います。

「シラス国」とは、**国と一体化し、共有すること**です。

情報を知らせながら、みんなで話し合いをして、そして、民衆が主役の、民衆のためにこの国を造るのだということを仰せになったのです。

これが聖徳太子の「**和をもって貴しと成す**」という、有名な言葉に繋がっていきます。

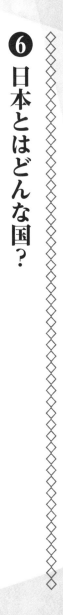

「和をもって貴しと成す」とは、上の人たちが何か言ったことをすべて素直に受け入れて、そしてそれに意見をしてはいけない、ということではありません。

むしろ逆で、**「意見をしなさい」**ということなのです。

「和」とは「和《やわ》らぐ」を意味していて、和らぐ環境を作って、国を治めなさいということを言ったのです。

この**「和らぐ環境」**とはどんなものなのか？

それは、**みんなが自分の意見を安心して出し合える環境**のことです。

しかし、いろいろな人たちがそれぞれの立場で意見を言い合えば、意見と意見が衝突し、そこに遺恨が残ってしまいます。

なので、その**遺恨が残らない場を作れ**と言っているわけです。

「すべての人たちが自由に意見を交わしても遺恨が残らないような和らぐ場を作って国を治めなさい」

そのようなことを、聖徳太子はおっしゃいました。

つまり、「**一人で物事を決めてはならぬ。みんなで話し合いをしながら決めるのだよ**」**ということ**です。

こんなことが書かれている古事記ができたのが712年です。

日本書紀は720年、今からおよそ1300年前です。

少なくとも1300年前には、そういう民主主義的な考えが、もうすでに我が国にはあったということです。

そういう国に、私たちは生きているのです。

❼「示し申す道」が目指すもの

そして、初代神武天皇が告げた建国の言葉、それが「**八紘一宇**」という言葉です。

これは、「**天下を一家と考え、自分が正しいことを行ってその国を造りたい**」という意味です。

人の上に立てば、自分が正しいと言って、自分の意見を通そうとするものです。それこそが、独裁というものです。

そうならないように、自分が正しいと思うことをやりたいと言っているのです。**正しいと思うその心を広げて、この国を造りたい**という考えです。

また、**一番強い者が弱いものから搾取するのが国家ではなく、一番強い者が、弱い者を養う、これが国家であり一家である**と言っています。

つまり我が国は、国家を一家というふうに考えたわけです。

天皇陛下からご覧になって、我々国民のことをなんとおっしゃるでしょうか?

それは、「**大御宝**《おおみたから》」です。

我が国の国民が豊かになるということは、天皇陛下の宝が豊かになるということだと言うのです。

そんなふうに考えておられるのが、天皇です。

これが、我が国**日本の帝王学**なのです。

上流が透き通った水だからこそ、下流に透き通った水が流れていくものです。

その神のようなお姿をお示しになるのが「天皇」ということです。
だから「神」という字は、「示し申す」と書きます。

その**「示し申す道」、それが「神道」**です。

神道には教義もなければ経典もありません。
そこに教えはなく、ただ道があるのみです。
その道中で、もがき、苦しみ、悩みながら、答えを見つけるのです。
そうやって身につけたもの、それが**「道徳」**です。
では、この神道が目指すものとは一体何なのでしょうか?

毎年、全国各地それぞれの県で、お祭りがありますよね。
神事としてのお祭りは、毎年同じ日に開催されます。

つまり、神道が目指すものは、毎年同じ日の、同じ時間に同じ人たちが集まり、そして、同じ席に座る、ということです。
それを目指すのが、神道です。

実はこれが一番難しいことなんです。

たとえば、「喧嘩をして人と人との縁が切れる」「誰かが病気をする」「また命が断たれる」というようなことが起きたら、もうその同じ席に座れないのです。

つまり、**「また来年も、みんなで絆を持ってこの席に座ろう」ということを目指すのが、我が国日本**なのです。

❽ あなたが歩む道

あなたは今、どこを目指していますか？

ただ運を秒で開いて、束の間の幸せを手に入れられれば、それでいいのですか？

ただ繁栄やお金の豊かさを目指して、お金儲けできれば、それでいいのですか？

そうではないはずです。

あなたにとっての理想とはどんな状態ですか？　神話をきちんと理解していますか？　そして、お金以外の価値を持っていますか？

この三つがなくなると、国や組織は必ず滅びると言われています。

もう一度言います。

①理想のイメージは描けているか？

②自国（自社・家系）の神話・歴史・伝統を理解しているか？

③お金以外の幸福価値を持っているか？

あなたのご家庭、あなたの会社、あなたの国において、この三つを、もう一度ご自分の胸に手を当てて、自らの心に問いながら答えを導き、「**徳積み**」に励んでください。

これまでにお伝えしてきた内容をしっかりと実践して、「**運は秒で開ける**」人になってください。**あなたにとって本当の幸せ**を作ってください。

そして、神のように示し申す道、つまり、「**神道**」を歩んでいただきたいなと思っています。

世界で最も長く続く国、日本。126代、2683年培ったその歴史が、私たちの魂、遺伝子に刻まれています。

その魂を受け継ぐことに誇りを持って、世界の人たちと向き合いながら、共に平和な世の中を作っていく礎となってまいりましょう。

おわりに

この本では、運を秒で開く極意、悩み解決の極意、矛盾を乗り越える極意、幸せを作る極意、自然の真理＝神を味方につける極意、「徳積み」の極意、平和を作る極意、示し申す道を歩む極意という8つの極意について、さまざまな角度から詳細に述べてきました。

運は秒で開けるというタイトルに魅かれて手に取り読み進めていくうちに、単に個人的な運気を上げることから、次第に家族や職場の開運も考え始め、最後には、国家レベル、地球レベルへと意識が拡大していったことと思います。

つまり、あなた個人の運気というものは、自然界すべての運気と繋がっている、ということがよくご理解いただけたことと思います。

あなたは幸せになるために生まれてきました。

そして、あなたの幸せは、この世の中全体、自然界を含めたすべての存在の幸福があって、初めて成り立つものです。そのためにも、徳積みの文化を周りに広げていくこと、そして、そのすべてのベースとなっている日本の伝統文化の真髄を理解することが、今こそ必要不可欠であるということも分かっていただけたと思います。

今の世の中は、物質的な欲求ではなく、精神的な欲求の方、つまり、いかに持続可能な社会に持っていけるかということに関心が集まっています。国連主導でSDGsが提唱され、持続可能な社会とはどのような社会か、世界中が躍起になって探し求めています。

それを本当に知りたいなら、世界で最も長く続いている国を研究すれば良い。それが、我が国日本です。日本の中に、持続可能な社会のあり方の答えがあるからです。

なぜ日本が、世界で一番長く続いている国なのか？　肝心の日本人である我々自身が答えられないでは話になりません。

日本人が大切にしてきた美徳、日本の伝統、文化、歴史、神話、八百万の神、神社、皇室など、日本の事を学ぶうえで避けては通れないこれらの内容にも触れました。

夢や想いを形にして、理想的な社会を実現するためには、まずは自らが行動することが不可欠だと考えます。

この本が、あなたの運気を爆上げし、世直しのための行動力を後押しする一助となることを心から願っています。

最後に、Gホールディングス株式会社の平井会長、八重樫社長、秋山さん、吉田さん、NoCodeJapan株式会社の中川社長、渡辺さんほかスタッフの皆さん、デザインを手がけてくださった坂本さんほかスタッフの皆さん、株式会社創藝社の山本社長。

皆さんのお力添えのおかげで、この本を世に出すことができました。

心より感謝申し上げます。

本書内でご紹介させていただいたアプリ『GIFPOT』を、以下からダウンロードすることができます。

【1】アプリ『GIFPOT』をダウンロード

（本書読者様限定ページ）

【2】本書限定特典・特別 QR コード

アプリ『GIFPOT』にて、以下の QR コードを読み取ると、本書の読者限定の特別ギフトを GET できます。

（注）通常のカメラで読み取ると、PASS コードが表示されます。
アプリ『GIFPOT』内でコードを入力することでもギフトを受け取ることができます。

詳細は、書籍購入者限定ページからご覧ください。

プロフィール

小坂達也（こさか・たつや）

1968年、長崎県生まれ。『古事記』に由来する日本の神さまを研究し、ＷＥＢサイト「神道の心を伝える（https://shinto-heart.com）」をはじめる。
年間約300以上の講演を中心に、日本の神さまの素晴らしさ、大切さを伝えている。また、統計学に基づいた八百万の神開運暦を開発、多くの人の絶大な支持を受けている。

あなたの『数魂』を無料で
鑑定します。
こちらのQRコードから、
お申し込みください。

運は秒で開ける

あなたが最短で開運できる最強の方法！

2023年12月8日　第1刷発行

著　　者　小坂達也
発 行 人　山本洋之

発 行 所　株式会社創藝社
〒160-0023 東京都新宿区西新宿7-3-10　21山京ビル504号室
電話: 050-3697-3347

印　　刷　中央精版印刷株式会社

デザイン　合同会社スマイルファクトリー

落丁・乱丁はお取り替えいたします。
※定価はカバーに表示してあります

ISBN978-4-88144-267-8　C0039